我的青春我的梦
全国中学生校园美文精品集萃丛书

燕子归来，东风又看梨涡浅

你若盛开，清风自来

《作文与考试》杂志社 选编

时代文艺出版社

图书在版编目（CIP）数据

你若盛开，清风自来/《作文与考试》杂志社选编. —长春：时代文艺出版社，2018.8（2023.6重印）
（"我的青春我的梦"全国中学生校园美文精品集萃丛书）
ISBN 978-7-5387-5705-7

Ⅰ.①你… Ⅱ.①作… Ⅲ.①作文－中学－选集 Ⅳ.①H194.5

中国版本图书馆CIP数据核字（2018）第004307号

出 品 人　陈 琛
产品总监　郭力家
责任编辑　李荣釜
装帧设计　李 斌
排版制作　隋淑凤

本书著作权、版式和装帧设计受国际版权公约和中华人民共和国著作权法保护
本书所有文字、图片和示意图等专有使用权为时代文艺出版社所有
未事先获得时代文艺出版社许可
本书的任何部分不得以图表、电子、影印、缩拍、录音和其他任何手段
进行复制和转载，违者必究

你若盛开，清风自来
《作文与考试》杂志社 选编

出版发行/时代文艺出版社
地址/长春市福祉大路5788号　龙腾国际大厦A座15层　邮编/130118
总编办/0431-81629751　发行部/0431-81629758
官方微博/weibo.com/tlapress
印刷/北京一鑫印务有限责任公司
开本/700mm×980mm　1/16　字数/153千字　印张/11
版次/2018年8月第1版　印次/2023年6月第5次印刷　定价/34.80元

图书如有印装错误　请寄回印厂调换

编 委 会

编委会主任：刘翠玲　夏野虹　高　亮
编　　　委：钟　平　彭　宇　张　引
　　　　　　于智博　高明燕　苗　与
　　　　　　李　跃　关晓星　那继永
　　　　　　沈　洋　隋元明

目 录

将时光精确到数字

阳光里的青春有点儿白 .... 徐梦媛 / 002

我的清晨 .... 郑晓惠 / 004

将时光精确到数字 .... 李思益 / 006

闲愁几许 .... 肖　依 / 009

风偷走了我的纸鸢 .... 陈功易 / 012

搀扶 .... 曾　刚 / 014

时光的梦呓 .... 孔怡默 / 016

十八岁 .... 池玉英 / 019

我有一个梦想 .... 张　本 / 021

彼之雨雪，吾之春风

你听，多美 .... 柳　淳 / 024

星夜有大美 .... 倪丽莎 / 026

我有一双隐形的翅膀 .... 焦　洋 / 028

熟悉 .... 张修己 / 030

珍惜弱点 ········ 姜维群 / 032

花草絮语 ········ 王 玥 / 034

潜藏在灵魂背后 ········ 龚 爵 / 036

"鲜花"还需"泥土"扶 ········ 李 千 / 039

跨越界线，清风自来 ········ 黄光阳 / 041

生如秋叶，死若夏花 ········ 邹艾桐 / 043

看见的能力 ········ 蒋沈谚 / 045

梦遇江南 ········ 沈中秋 / 047

千古多少清秋泪 ········ 董士奇 / 049

一场雪，一座城 ········ 金力行 / 051

远方，并不遥远 ········ 丁 宁 / 053

学会铭记，一路前行 ········ 李 甲 / 055

圆与缺 ········ 刘晓璇 / 057

古炉之思 ········ 陈思远 / 059

彼之雨雪，吾之春风 ········ 王馨怡 / 061

我只有骨头

我只有骨头 ········ 马秀英 / 064

江水滔滔 ········ 胡犀子 / 066

转过身你已是海洋 ········ 姜远涛 / 068

留白 ········ 郝小凡 / 070

和谐的统一 ········ 张 一 / 072

在思考中成长，在执着中成功 ········ 刘亦男 / 074

盛世安澜 ········ 颜雪雯 / 076

奇迹孕育于全力以赴 ········ 王 凤 / 079

近与远 ········ 亓嘉伟 / 081

孤独，生命的另一种姿态 ········ 宋道国 / 083

谁偷走了我们的情怀 ········ 马艳玲 / 085

在阴影中寻找光明 ········ 盛健宁 / 087

在自由中寻找方向 ········ 孙 潇 / 089

宅 ········ 陈家辉 / 091

时代的尖顶 ········ 张零一 / 093

巷口与街角 ········ 陈丽霞 / 095

别把常识不当干粮 ········ 王子舍 / 097

向不合理的规则说"不" ········ 万 爽 / 099

辨明真伪·理性转发 ········ 陈琳怡 / 101

为值为之事，育可育之人 ········ 柳明洋 / 103

我们不知道的幸福

深阅读 ········ 凃 园 106

心城 ········ 林订含 / 108

淡雅从容处世间，自铸清奇瑰丽文 ········ 许慕其 / 110

花与果 ········ 韩 枫 / 112

读你 ········ 黄 洁 / 114

和梦一起飞翔 ········ 刘 轶 / 116

我们不知道的幸福 ········ 李祥杭 / 118

逃离地心引力 ········ 陶 李 / 120

何处为家？········ 卞 超 / 122

一头特立独行的猪 ········ 程小明 / 124

奔跑的猎狗 ········ 纪 洲 / 126

手心的太阳

美丽的谎言 ……… 袁　源 / 130

润物细无声 ……… 陈泽秋 / 135

大学者的平凡 ……… 黄蓓蓓 / 137

手心的太阳 ……… 袁月华 / 139

诱惑 ……… 张巧巧 / 142

我在路上捡到你 ……… 李婧璇 / 144

老爸 ……… 黄雅雯 / 146

父亲的秋天 ……… 翟　玥 / 149

沉默的爱 ……… 徐　宁 / 151

站在老屋的门口 ……… 刘伊柔 / 153

踮起脚尖 ……… 宿馨心 / 155

熟悉 ……… 刘亦男 / 157

这也是一种幸福 ……… 米敬瑶 / 159

一次尝试 ……… 刘佳佳 / 161

桂花飘香的美丽 ……… 陆欣雨 / 163

倾听 ……… 胡亚雯 / 165

乡雨 ……… 葛杰荣 / 167

将时光精确到数字

　　多傻，明知道成长不可能一帆风顺，却还是害怕挫折，在一日一日的苦恼中将光阴流逝。何不好好欣赏沿途的风景，让自己的回忆更充实。即使是失败，也有它的色彩。

　　或许，人生本身就太过美好，以至无论我们怎么度过，都觉得是在浪费。年轻时，能做的事就应奋力去拼，成长的脚步不会为谁停留，勿到老去时，再为自己的青春惋惜。

阳光里的青春有点儿白

徐梦媛

一直喜欢白衬衫，干净，剔透，像是对青春的某种隐喻。却又舍不得穿。

在高一那年，我路过一家专卖店，一眼就看中挂在高处的白衬衫，只是价格有点儿贵，但心里着实喜欢，便一咬牙买了下来。

这件衣服，我只是在春夏时节穿。时间一长，污渍便印在上面，不是那么好洗。每每穿过，妈妈都会用肥皂一遍遍地洗，然后晾在阳光底下。待到傍晚将衣服拿下来时，我会贪婪地嗅着上面阳光的味道。

我一直都是步行回家。那年盛夏，看到一个男生穿着和我同一款的白衬衫。V字领，里面有浅灰的印痕。当他骑着单车路过时，背后便鼓起好大一块，像是鸽子，扑腾扑腾地拍着翅膀。

自那以后，我们几乎都能遇见。我们也似乎是在同一所学校，同一个年级，甚至连家都会是在不远处。

我们从没有说过一句话，只是简单地点头，微笑，然后离开。谁也没有刻意地打破这一现状。这样的日子持续有多长的时间，我自己也没数过。直到快要过冬，白衬衫不合适再穿。渐渐地，也就再没看到那个穿着白衬衫骑着单车的人。

如果说心里不惆怅，那是假的。我甚至还期盼着再看一遍白衬衫在太阳光下飞舞的场景。

然而，在接下来的夏天，我再没见过他了。

我想他应该是搬去了其他地方。可是在此之前，我也会留意有没有人搬家，可惜，并没有。于是，就像是一个梦，盛夏的阳光里有个穿着同样白衬衫的人来问候你，后来就消失了。

我将白衬衫洗净晒干之后塞在了衣柜的最里端，不再去穿，只是闲来无事会拿出来看看。

再后来，当我再次路过那个地方，看见一大帮孩子穿着白衬衫，骑着单车在风中追逐，就像是一大群鸽子划过天空。

阳光从斑驳的树隙中穿过，晒在他们的白衬衫上，照在林荫道上，亮亮的，很好看。

仿佛我的青春洒了一地。

我 的 清 晨

郑晓惠

清晨，我们素面凝望着这个世界，这个世界也以他最真实的面孔回望着我们。

天上飘着几朵懒懒得像刚睡醒的云，街上几个路人偶尔走过，鞋子与马路的沙石发生了摩擦，清脆的声音在寂静的街道上可以传出很远，穿过小树，穿过篱笆……河里吐泡泡的小鱼，似乎也听到了这声音，它们警觉地潜游到更深处，躲避路人各种各样的目光。

我坐在阳台上，对着镜子梳理散乱了的长发，不远处，一群洗衣的妇女浩浩荡荡地从四处涌来，提着满是衣物的桶和各种洗衣剂。卖菜的小贩也不甘示弱，他们开着载满蔬菜和水果的三轮车赶往市场。偶尔我也会加入洗衣的人群，但我不单单是洗衣。

清凉的河水流过指尖，凉意继而蔓延，一种清爽的感觉席卷全身，这或许是每个洗衣人获得的大自然赠予的福利。阳光抚摸衣物，散发出淡淡的皂香。而我感觉到河水源源不断地输送着一股无法言语的力量，让我精神百倍。

春天的一个清晨，我拿着一本古文书，跑到家斜对面那棵桃花树下，桃花开得正盛，但我看见了树下的一片片花瓣，粉色中略带点儿红，像桃花树为每个欣赏它的路人铺下的美丽地毯。突然感到一种忧伤，我没能看到最美的桃花树，它的花瓣落满一地我才遇见它。"人面不知何处去，桃花依旧笑春风。"儿时的伙伴如今都已各奔东西，再不复见，谁还会在这棵桃花树下黯然神伤呢？他们追求的是繁华都市里五颜六色的霓虹灯和喧嚣街道上来往的车水马龙。他们不愿回到家乡，他们开始鄙夷家乡的落后了。只有这棵看着我们长大的桃花树才懂得，我们曾经虚掷的时光，是多么的幸福！我拾起一片花瓣，将它夹在书中……

某一天清晨，我独自躺在天台仰望天空。云朵们手牵手聚集起来靠拢在一起，渐渐变成像倒进热水里的面粉揉成一团的模样，又渐渐分成独立的一朵朵。我当时脑中想的那些终究没有留下什么深刻的记忆，记忆深刻的，却是那云卷云舒的苍茫。也许，我内心真正追求的只不过是这一方宁静的天地罢了。

清晨，我一个人拥抱这个世界，倾听自己内心的声音，遇见最真实的自己。

将时光精确到数字

李思益

当时光精确到数字，我恍然惊觉，原本以为可以大把挥霍的生活，竟然少得令人心跳加速。它犹如一把尖刀，划开我的肌肤，让我疼痛。

——题记

关于校园

依旧是阴雨绵绵的日子，总是觉得，夏日的炽热，离自己还好远。家长拍着我们的肩膀，语重心长地对我们说："只有一年半了，好好加油啊！"其时，高三一百天誓师大会都过去好几周了，留给我们在校园的光阴，哪里还有一年半？

眼前还是一幅细雨飘飞的画面，但那雨是夏天的，带着阳光的热情。那时候，我们在操场踢着正步、喊着口号，虽然彼此都不认识，却能很快打成一片。一切都好像就是昨天，可是，时光就是那么不留痕迹，它让你熟悉了眼前的一切，却模糊了回忆。

从幼儿园到高中，我们已度过了十多年的校园生活，十几年，总觉得很漫长，可当一步步走完，再回想，会发现也不过如此。原来"年"这个单位，也是如此短暂。

关 于 流 言

流言就像一摊淤泥，你愈是挣扎，就将陷得愈深。

只是觉得很多人都是在为别人而活，而非自己。因为一句评论，就不顾一切地去追求别人眼中的完美，却将真正想要的生活放到一边。到最后，做到了别人眼中的最好，却再也找不到自我满足的快乐。

一生就那么几十年，何须为了别人而迷失自己，何须浪费大把的光阴去辩驳那些无中生有的流言。假设我们的生活还剩六十年，一半用来睡眠，那就只剩三十年，而这三十年的每一天，我们都要为学业和事业而打拼，留下来，留给我们独品人生的时间并不多。

人生是自己的，请为自己好好度过每一秒。

关 于 成 长

把东西丢了，就会挨骂，把时间丢了，就会长大。

十多年的光阴就这样度过了，每过一天，我们都在长大一点儿。有时，会经历挫折；有时，会遭遇病痛；有时，会收获成功；而有时，也会流下泪水。

成长就是这么一个五味杂陈的过程。而我们往往会觉得快乐的时光过得如此飞快，痛苦的日子却久久萦绕。

多傻，明知道成长不可能一帆风顺，却还是害怕挫折，在一日一日的苦恼中将光阴流逝。何不好好欣赏沿途的风景，让自己的回忆更充实。即使是失败，也有它的色彩。

或许，人生本身就太过美好，以至无论我们怎么度过，都觉得是在浪费。年轻时，能做的事就应奋力去拼，成长的脚步不会为谁停留，勿到老去时，再为自己的青春惋惜。

将时光精确到数字，我们已度过了多少日子，剩下多少光阴，都变得那么具体与真实，既然，无法抓住时间的脚步，那就紧跟它的脚步，好好生活，好好珍惜。不因身前的阴影而忽视掉身后的阳光。

闲 愁 几 许

肖 依

十七岁，半大不小的年纪，几许闲愁荡漾在十七岁浅浅的皱纹里，波动着那颗年少的心。

一 川 烟 草

伴随着成长，所接触的自然多了。孔子说："少之时，血气未定，戒之在色。"这个"色"不单指女色，还有生活中各种各样的诱惑。游戏、网络、小说……无不撩拨着你，一旦中了它们的毒，便是人生一大难关。努力闯过，心智便会如同经过锤炼般坚定；没过，也许曾有过的灿烂希望将与自己擦肩而过。这正好合了这句：过错，是短暂的懊悔；错过，是永远的遗憾。

虽然我没有中毒，却也或多或少受过这些影响。记得我的视力就是在一个暑假中飞流直下"千百"度的。看电视看小说看到不知今夕是何年，终于戴上了厚厚的眼镜，原本清晰的未来，开始恍恍惚惚了。传说当你游戏生活的时候，生活也会游戏你。骄傲如我，不愿被生活游戏而过，只能倾尽全力。

满城风絮

时间的流逝让我成长，却也让长辈们老去，离开。死亡，一个多么遥远的名词，如今却让我真切地感受到了它的冷漠与残酷。曾偷偷塞给我糖果的外婆、板着脸却难掩慈爱的外公、疼惜我胜过自己的奶奶，你们如今在何方？还在为我欢喜为我忧吗？

逝者已矣，唯有回忆。看着年迈的爷爷，我知道更为重要的是眼前人。每次放假，我都会尽力抽出时间去看看爷爷，他的听力不好，所以每次闲话家常都弄得惊天动地。他常常不知从哪里弄来些糖果饼干，无论喜欢与否，我都会津津有味地在他面前吃下。在他眼中我仍是当初的奶娃娃，那么我就尽力地做个无忧无虑的小孩子，他最爱的孩子。

回到家，看着父母微白的鬓发，不显眼却刺眼得很。我很重要！对这些爱我的人来说。但我想说的是，你们更重要，我亲爱的人，我愿用满腔的爱回报给你们。

梅子黄时雨

十七岁的我还没成熟到理解爱情，友情是伴我一路成长的风景。我看重友情，在我或失意，或兴奋，或悲伤，或喜悦的种种酸甜苦辣里，友情从不曾缺席。他们借我的肩膀索要的是雨后真心的笑容，给我真情希望的是我不再孤单，给我鼓励期望的是我的坚持与成功……我描绘不出友情，但它真切地感动着我的心。

如今，一个人穿过旧时的林荫道，走过旧时的操场，推开旧教室的门，那些单纯快乐的记忆在脑海里一遍遍回放。亲爱的朋友们，无论身在何方，我都会牢记，我们是一生不变的朋友。祝福你们，也祝福自己。

后　记

或许，真的是"少年不识愁滋味"。而我也从来不是"为赋新词强说愁"的人。然而，生活的风雨时时存在，即使没有惊涛骇浪，也总会有些牵牵绊绊。"试问闲愁都几许？一川烟草，满城风絮，梅子黄时雨。"青涩少年便在这几许闲愁里学会坚强，慢慢成长。

风偷走了我的纸鸢

陈功易

我坐在松软的草地上。阳光很强,直射我的眼睛。有风吹拂我的面庞,轻柔,和缓。周围几个孩子扯着风筝乱跑。看着他们快乐的样子,看着他们那不愿飞翔的风筝,我笑了,如同这春日的暖阳。

抬头看着我的风筝,在很高的天上。我很吃力地扯着线,用力调整它的方向。我希望它能飞得很平稳,飞得很高,但我始终扯着线,整个下午它都在我的视野里,没有飞向更高的天空。不愉快的我,不愿做空中的风筝。

我站在客厅的中央,父亲在我左边的沙发上抽烟,母亲站在我身后。这里刚刚结束一场争执。我很激动,说了许多无情的话。父亲仍是满脸怒容,疲惫地抽着烟,母亲仍是喋喋不休地数落我的不是。我站在冰凉的地砖上,回想起刚才的一切。一只漂亮的磨砂水杯被父亲失手打碎了,然后一地的玻璃碴儿。然后一场无来由却注定要发生的争执。我说了些什么?我好像说他们无能,好像说我恨他们。现在只有满地的玻璃碴儿和母亲喋喋的骂声。一声凄厉打破了整个夜晚的静谧。一只杯子碎了。

我从花之琳咖啡馆的二楼走下来,看见了她。是她,还有一个帅气的男孩。酒精灯温着花茶。我听不见他们在说些什么,两条腿依然保持着步伐,下楼,离开,走远,然而心神却还站在那拐角的扶梯上没有离开。我不知道发生了什么，我也明白这一切意味着什么。冲动让我果断，而时间又让我很快遗憾。不经意的一瞥，一壶花茶，一个帅气的男孩，让我忘记了一个很可爱很善良的女孩。酒精灯灭了，茶凉了。

我走进艺术招生办公室，人很多，很乱，而我却出奇地平静。很亲密的一个朋友，在我考试很不顺利的时候告诉我没有希望了。他说，报考的人很多，就凭你？我陌生地看着他，很好的朋友。我不明白他为什么这么说，是轻视我还是让我冷静地看清现实。

手中的线重重一扯，断了。纸鸢摇晃了两下终于自由了。它轻盈地向高空飞去，视野中的黑点越来越小，模糊不见了。

风偷走了我的纸鸢，风带走了束缚与不快。我得丢了手中的线，跟风筝一起飞，和孩子们一起笑。

是啊，为什么不可以放开手中那根细细的绳子呢？为什么不可以捡起破碎的水杯？何必为一壶花茶放弃一个可爱的女孩呢？为什么不可以释然地面对朋友的戏谑？

松开手，让风偷走我的纸鸢。

搀 扶

曾 刚

记得小时候摔了跤,总是会用哀求的眼神望向妈妈,也曾想用极具爆发力的哭声唤来爸爸,这时他们温暖的眼神和微翘的嘴角只给我六个字:"自己来,你能行。"于是我试着忍着痛爬起来。

我就在这六个字的搀扶下,跌跌撞撞地一路走来。有风有雨,但更有充实后的甜美。我一路采撷,轻吟浅唱着将伤疤藏在衣衫下,露出自信的微笑。

那是一个灿烂的季节,明媚的日子,可我的天空却灰暗阴沉,我的眼睛被装上黑白底片,拍不出色彩亮艳的风景。

这一切都源于我的一次摔倒。在那条人生的跑道上,我在人们的前拥后挤中狠狠地摔了一跤。可是,没有人帮我一把。"也许,我起不来了。"我想。

诚然,生命是我自己的,没有人可以帮我走,我得自己探索前进。奥斯特洛夫斯基说:"生命似洪流,不遇着岛屿与暗礁,难以激起美丽的浪花。"但是洪流在历经河岸的蜿蜒时,尚有小鸟的鼓励与微风的轻抚,而我呢?

在家里,我有泪,妈妈会帮我抹去;有伤,爸爸会为我涂药。可是在学校,有谁哪怕只给个关切的眼神呢?

你是学校的主心骨,是教书更是育人的中坚力量,可是你是否只过于注重对学习好的同学的培养与关照呢?

每次考完试后,那些优等生总是可以在你特别的关注里得到更细心的辅导、指正,即使他们偶尔考砸,怕什么,忧什么,有你的鼓励呀,于是他们有了被关注的温暖,有了前进的动力。故优愈优,差愈差。

作为被你遗忘在角落里的所谓差等生,我们的奢求其实并不高,哪怕是你上课时一个关注的眼神,一个真诚的微笑,一句鼓励的话。我们只希望你能让我们的眼里的底片能照出生活的色彩,让我们也同样享有彩色的天空。我们只希望你在我们失意的时候,能说上一句"别泄气",我们只希望你在我们的成绩驻足不前的时候说一声"加把劲儿"。

只此几个字而已,就是你伴我们求学路上最好的搀扶。

时光的梦呓

孔怡默

> 回忆是温暖的对白,写在泛黄的纸页上。童年里泛着微光的城堡,贮满了所有美好的纪念。遗失在成长悠远的目光里,幸福一直不曾离开。
>
> ——题记

年少的孩子,成群结队地漫游在四季的罅隙里,躲在角落的花仙子翩然起舞。你一定知道的,我们都还没长大。失落的回忆让尘埃复活,打开这泛黄的日记,我开始微笑。

那片茂盛的风的森林,一起降落的歌调,倏忽地逃离,把视线拉成了遥远的梦呓。当天空一点点哀伤,光影模糊了轮廓,我看见飞鸟展翅奔赴,覆盖了所有的苍穹。那是童年的色彩,像棉花糖的纯白夏天。

我们躺在大山的臂弯里,安然的弧度,看云一点点聚集,露出俏皮的半边脸蛋,鬼脸似的坏坏笑着,像欲滴的草莓般可爱树的影子倒映在你的面容上,熠熠发着光。静静地掠过耳旁的风声,让阳光有些小小的心动,天空渐渐暗了些,太阳的半边脸沉沉湮没,黄昏的呼吸,静静地遗失了声调。

听到过清晨风的笑声吗?它先是吹开了那片沉睡的云朵,亲吻着眉毛的弧度,于是一整片天开始复苏,梦儿飞走了,风不言语地、狡黠地眨着眼，睡眼蒙眬地冲出这片天堂。

野草莓在路边咧开了嘴，有种甜蜜的愿望，仰着头，等待着一场温暖的相遇。静谧的午后，篱笆围住了吵闹的争执声，那片花海的冲撞，一点点湮落。我依然不喜欢午睡，坐在大门口。大门槛上飘来荡去的秋千，落寞地跳跃，像个孤独国的女王。飘忽的云朵是童年遗失的心跳，落在最柔软的心房里，呓语似梦，我枕着秋千的手臂。

有时候有只花蝴蝶迷了路，它闯进了我的城堡，打着旋儿，又在我的眼前晕眩着。那么美的原野，蝴蝶的翅膀蹁跹开放，它是做错事的孩子，领着另一个陌生的小孩回到了它的秘密花园，白裙子扑打着我的小腿。想要起飞吗？牵着我的手，飞过这片幸福海洋，降落。

如果那片四叶草不瞬时出现在小路的尽头，如果那只花蝴蝶不是突然被召唤回了家，如果我不是胆小的孩子开始哭泣，害怕暮色浓重，时光又会如何上演呢？

四叶草祝福的少年，愿望里甜美的回声，多么跌宕。我要一个童话房子，装满所有的微笑，装在永恒的记忆里，于是不会忘怀。牵着幸福的衣角，我们在田埂上奔跑，一前一后的脚印，不听话地零散着歌唱，越过这片沙滩城堡，听见风声在耳边低语，你的背影回头说要去听那场黄昏的歌谣。

落叶开始起舞，一起去那片麦田深处漫游，留下了整个春天青涩而翠嫩的拔节，风烤熟了一片麦芒饱满的心，撰写了整个夏天炽热的光环。可以闻到阳光的味道，浅浅的，淡淡萦绕。麦田深处，你的眸子像最明亮的太阳般温暖。

黄昏的夕岚渐渐低垂，露出半边笑颜，我的世界开出了大片花朵，那么浓烈而盛放，贮满了小幸福，酣然沉睡。

你一定在某个角落里不曾远去，静静地观望，遥远地问候着年少的我。守候，一个盛大的节日，转身遇见。

日记泛黄却有种慑人的温度，我在回忆里微笑，纪念起风声的童年，那些成长的心跳，温暖的呼吸，把故事低吟浅唱。

手心里握着祝福，回忆不曾离去，有些温暖的情怀氤氲出了幸福的情结。

　　黄昏闭眼无声的思念，绵长而安稳。

　　麦田深处厚重的幸福，季节的轮回。

　　成长是未知的谜底，等待时间的答案。

十 八 岁

池玉英

十八岁,它的影子已被抛向过往的尘埃了。只是,总在不经意间,它跳出来,向你倾诉,倾诉那生命曾经的颜色和音容。

回忆,像平静的湖水中,偶尔投去的石子激起它那层层的涟漪。十八岁,是那么一个特殊的季节。

十八岁,踏一路的泥沙,看着满天的雨帘,或许,曾多次期待走进那雨的清透,去体味那雨的凉爽。但是,一次次地驻足,一次次地观望,任由那花开过,任由那花谢去,直等到时间也被尘封了,叶子还是那片叶子,石头还是那片石头。十八岁,站在没有雨的阳台观雨,好静,好静!

听雨的孩子被称作乖丫头,是哦!只能是乖丫头了。乖丫头的眼里、心里,没有自己的方向,没有自己的期望,没有自己的理想。站在十八岁的岁月里,迷迷茫茫地不知何去,更不知何从。父亲的白了一半的头发,母亲的担忧的神情,乖丫头只能永远记住他们的要求,他们的期待。那热切的满是希望和期待的目光,或许,是谁也不忍,不能视若无睹的。乖丫头好苦,真期待能瞬间化为空气一缕,永远脱离心灵的苦楚。可是,又有多少温暖的牵绊,又有多少阳光的留恋,不舍得。真的不舍得这儿的风,这儿的光啊!

十八岁的那一条小径,信步踏去,看见满天的雨帘,伸手去接,却感觉不到雨的存在。那一地的车前草啊！

  沉沉地浸在思维的深渊中，手中的笔没有放下，十八岁的路，却已经到了尽头了。十八岁啊，记忆里能够停留下怎样的色彩呢？你，为什么过得这么匆忙啊？来也匆匆，去也匆匆。不禁生疑，真的拥有过十八岁的天空吗？这一段生命，如果有过，又为何如此的苍白？

  是的，真的没有过，这一段空白被书的群山笔的海洋占领了。这一段属于十八岁的空地被别人的期待、他人的希望和忠告填满了，没有留下一丝缝隙来填装自己的星星了。

  十八岁的光阴已经远去了。十八岁的阳光和阴云在生命中不留下印记，毕竟，那个十八岁，不属于自己。踏过十八岁，我们该怎样去迎接新的季节？

  生命，总该有属于自己的完整的一季啊！

我有一个梦想

张 本

人人都会干一件事——睡觉。在我们祖先吃饱了睡、睡饱了吃的亿万年之后,在今天,我却想双膝跪床,乞求吝啬的睡神再多给予点儿宝贵的睡眠。

其实,我也曾拥有大把大把的睡眠时间,那时老师常教导我们:"小朋友,早睡早起身体棒!"于是,我每天都会六点钟就起床,用最无忧无虑的心情迎接充满活力的每一天。也正因如此,每当听见伯母、姑妈抱怨表哥堂姐们睡到中午还不起来时,我是何等的惊讶与不解!

然而,当这一切来到自己身边时,我不能不深切地同情起我的"前辈"们。不用说,高中生普遍睡眠不足是个不争的事实,但很少有人知道,睡不着比睡得少更令人抓狂。

当你无奈地合上试卷,当你绝望地收拾笔袋,当你转过身,看时针分针正向高地冲刺,整个人疲惫不堪,借助地球引力倒在软绵绵的床上时,你一定觉得,不出一秒,睡眠便会滚滚而来。对不起,你错了,起码于我而言,一旦过了睡觉的时间,那就太难入睡了。于是我只能打开窗户,抬头看看天,感受迎面而来的凉风——世界多么惬意宁静。我常常凝视月亮,猜想是否真的有"暗夜精灵"存在,猜想美国人只是在南极拍了场电影,月亮上其实长满了参天大树,它们是否会说话呢?那就来吧,给我唱一首摇篮曲……想着想着,似乎有点儿睡意,躺到床上，眼睛一闭，却又满是白天学校里的场景，像幻灯片一样，"嚓！嚓！嚓！"地忽闪在眼前，在烦躁与疲惫之间，整夜整夜地失眠……

更让人痛苦的是，清晨时分，规矩的时针又叫醒了闹铃。睡神真是一位调皮的孩子，它总是背着你的意志抛给你睡眠，真"咔嗒"！一手恼怒地打翻闹钟，一手裹紧被子，身子使劲儿地拱两拱，似乎睡得更香了。但你把被子裹得再紧，时间依然会流逝，何况身边总会有人提醒你——到点了，该起床了。那人可能是室友，可能是父母。我初中住宿的那几年，最恨可爱的室长，虽然他人品很好，人也长得帅，但每次他叫我起床后，我便在脑海里浮现把他头发吊在树上不让他睡觉的情景，那是多么大快人心啊！

因此，今天我要以一名最普通的高中生的身份，道出我最直接的心声：我知道让老师减少作业是不可能的事，但起码我亲爱的老师、父母，把成绩看轻一点儿吧，我的心已太过沉重……

我有一个梦想，有一天，我能在月亮下班后才上学。

我有一个梦想，眼睛一闭一睁一晚上便能过去。

我有一个梦想，我的眼睛能恢复黄种人的优雅而不那么"憨态可掬"。

我有一个梦想，上帝把时钟的角度再缩小一点儿，给予夜晚多一点儿的沙漏。

我有一个梦想，有一天，高考会有这样一项硬指标：该生需睡满××小时。

我有一个梦想，每当被子裹紧一些时，时间真的能止步不前……

综上所述，所有的梦想只此一个大梦想：我能倒头就睡，一觉睡到自然醒……

可是亲爱的读者，我的梦想能现实吗？我究竟该怎么办呢？

彼之雨雪，吾之春风

　　同是竹杖芒鞋，有人看见一身落寞，有人则品出一派洒脱；同是夕阳余晖，有人秋水共长天一色，好不壮阔，有人则日薄西山，心头戚戚寞寞；同是兰舟催发，有人只识现时的肝肠寸断，有人却望见了日后的山长水阔。同事同物，而所见之景万殊，是心之迂阔不同、视野之远近有异也。

你听，多美

柳　淳

一连几天的绵绵细雨，夹杂着风的呼啸，秋意忽然间弥漫了整个世界。

站在教室，望远山湮没在一片灰蓝色的背景中，想，家门口的那座山头也该是这样的吧！

秋雨打在松枝上，顺着斑驳皴裂的枝干一滴一滴，最后渗入泥土。那里，没有雨打屋檐的"啪啪"声，却是"沙沙、沙沙"，轻细而温柔。秋风在松枝间穿梭，枝条舞动着，伴着"呼呼"的音律。这一切的声音在经历了燥热的夏季后，听来凉爽而湿润，如听一只久违而让人思念的曲子，美丽迷人。

风风雨雨之中，食堂门口出现一个熟悉的身影。"这两天不冷吧？我给你送了几件衣服。听说食堂的菜不好，我杀了只鸡给你带来了。牛奶喝完了吗？我又买了一箱，这一次是你最喜欢喝的那种……"顶着一头的水珠，妈妈不停地唠叨着，而我也早已习惯了，不需要做任何回答，此刻只需回归一个小女儿娇憨的本色，细听这连珠炮似的轰炸，溢满了爱。

短暂的相逢就像别离的序幕，为我卸掉一身的物资后，妈妈撑着伞，越走越远，渐渐淡出我的视野，风声"呼呼"，雨声"嗒嗒"，像一首配乐诗，美丽而温馨。

站在校门口，在一片灰蓝色的背景中，想，家门口的那座山头也该是这样的吧！我可以听见从那儿传来的一段对话，"一场秋雨一场凉啊，我还是趁早织毛衣吧！""为什么不买一件呢？织起来很费时间的，你膀子又经常痛。""织的暖和，我女儿最怕冷了，一感冒就十几天，太难受了。"这段对话讲了一年又一年，我便平平安安、健健康康过了一年又一年。这是人世间最美的声音，那个被称作"妈妈"的人为这一个称呼付出了我承载不起的辛劳和牵挂，并且还将继续。

　　几天前读到一篇文章，题目叫《落叶是疲倦了的蝴蝶》，才似乎更明白了些什么。"儿行千里母担忧"是天下的公理，"子欲养而亲不待"却是为人子的在人世间最大的遗憾和痛苦。所幸我明白得还不晚，拨通家里的电话"嘟——嘟——嘟——"，你听，那山里的声音，在这突来的秋声里，更暖、更美。

星夜有大美

倪丽莎

乡下的房子很大，仅是阳台就大得装得下一空的星星。

这天的夜空没有烟花，黑得透彻，一尘不染。我坐在顶楼的阳台凝望不远处乐曲般美妙诱人的星空，不禁怅然——哦，对啊，多久没见到繁星了，这久违的感觉！

城市也不乏繁星，但这仅是五光十色的霓虹、闪烁不定的车灯和大珠小珠落玉盘般的路灯交错连成的障眼法。纸醉金迷的城市容不下一米点缀了繁星的天空。它就像是一款奢侈的豪华镶花的奶油大蛋糕，不屑于简单小个儿的千层饼。

而我，也许更钟情于那味淳而酥脆的千层饼。这乡村的星天，是家的符号。

从小时候起，就常听大人们讲关于星空的传说故事。比如天上奇形怪状的星座的故事，比如牛郎织女的故事，再比如人出生后天上就会多一颗星宿……原来人们都喜欢仰望天空。沉醉于这迷幻深邃的美景，他们可能会浮想翩翩，可能会被勾起一段回忆，可能会迸发出连绵的灵感。冰心将"繁星"作为诗集的名字，是不是因为它总让人联想到母爱的温暖、童真的可贵与自然的美好呢？在异乡的星空下的海子，会想起亲爱的姐姐；大洋的甲板上，抬头仰望星空，憔悴的爱国志士会挂记起祖国；迷途的旅行者，会跟随着星星找到光明的路；智慧的占卜者，会盯着星象琢磨，希望好运。星星，总是被寄予了最真挚美好的情感，不论是亲情、友情、爱情，甚至成为一个信念的载体，一个愿望的盒子。

　　我久久地凝望着，不舍得移开目光。期待着一颗流星？幻想着一个童话？邻居的小顽童还没睡，一阵一阵地吵闹；楼下房间妈妈正坐在床上看书；爸爸在一楼客厅看电视，他一定还架着一支烟；爷爷已经睡了，明早他还要去逛菜场；奶奶还在忙活什么……大房子很安静，兴许也是沉醉在星空的魔力中了吧。处在顶楼的小房间很简陋，坐在廉价的椅子上，我却觉得像是躺在木盒中的玫瑰花瓣上，空气里氤氲着淡淡的味道。仔细品了，原来是晚餐残余的香气，奶奶做的每一顿饭菜虽不精致，却很细心，爷爷爱吃咸的，便有了很咸的盐豆腐，我不爱吃口味重的，便有了豆瓣青菜羹，还有蓬蒿馒头、红烧鱼、白斩鸡……细细想来，原来终究还是奶奶温暖的双手的气息，是一家人团圆的欢悦。还有这城市边缘特有的纯朴，海风吹拂下滑滑的圆润感……

　　我一度以为，我已沉入宇宙的某个角落，有如幻境之旅，星空将我包围，星星穿梭在身边。它们大部分都是像太阳这样的恒星，明亮张扬，又不失温柔、内敛与稳重。它们都蕴藏着无限的力量，似乎都时刻准备着爆发生命的种子。这最原始的来自宇宙深处的力量，闪闪烁烁，编织成冬夜最温暖的画卷，是家的感觉。

　　星夜有大美，其曰"归"。

我有一双隐形的翅膀

焦 洋

昨天那个托着下巴守望天空的女孩儿，再也不会幻想天使的降临。今天，她试着站了起来，挥动着那双隐形的翅膀，像一只燕子，就要飞到早已梦萦魂牵的南方。

缘于一份理想，我从一个遥远的地方来到这个陌生的城市，寻找着儿时记忆中那座永不褪色的红顶屋。虽然高耸的楼房无情地挡住了我寻梦的视野，但是我依然期望它会像天使般出现。我擦干眼泪，执着地寻找着，我相信，生命中多一点儿坚持，人生就会多一分希望。

在天空中什么都没有的夜晚，我会告诫自己：不要害怕，不要悲伤！我可以画上星星，也可以画上月亮，将黑暗中的你我照亮。我会紧紧地握住你的手，笑着说：哪怕生命此刻到了尽头，也依然灿烂辉煌。

始终欣赏这样一首诗：大理石，雕成塑像/铜，铸成钟/而我这个人/是用真诚制造的/即使碎了，碎了/我片片都是真诚。

看了太多美好的故事，常常幻想自己变成了幸运的公主，幸福突然在某一天降临到我身上。就这样想着，痴痴地想着，猛然间，我才明白从我指尖无声无息滑过的是一点一滴弥足珍贵而不再回来的日子。

在你的田园里，我是你青春的禾苗。滋润着知识化成的甘泉，沐浴着岁月化成的雨滴，我幸运，我幸福。我多想化作一缕阳光，去温暖你的心灵。我愿在黄昏来临之际，化作一抹小草，去点缀你情感的天空。我是你生命中那道永不消失的地平线，我愿用一生报答你伟大无私的呵护和培养。

　　我想，如果我的人生是一座巍峨的高山，那么锲而不舍的追求就是我登天的云梯；如果人生是一汪波涛汹涌的大海，那么永不言败的追求就是我乘风破浪的风帆；如果人生是一道亮丽的风景线，那么勇毅无畏的追求就是飞越梦想的翅膀。人生短暂，生无所息；人生苦多，追求永恒！"逝者如斯夫，不舍昼夜。"千百年来先圣孔夫子一直站在渭水河边告诉我们：唯有舞动追求的翅膀，我们方能撑起人生的一方晴空；唯有舞动追求的翅膀，我们方能拂去人生的阴霾，笑看人生。

　　我不会再做一个傻傻的女孩儿：呆呆地守着天空，望着白云，等着天边那颗可望而不可即的启明星。现在就出发，我要飞向远方，去找找我心中那永远圣洁美丽的红顶屋。我坚信我会成功，因为，我有一双隐形的翅膀……

熟 悉

张修己

> 智者无为，庸人自缚。心若无异，万法一如。
> ——僧璨大法师《信心铭》

我们惊叹太白清新飘逸的诗句，那是因为他熟悉中华的经典；我们欣赏郎朗悠扬铿锵的琴声，那是因为他熟悉黑白的键盘；我们感叹哥白尼的发现，那是因为他熟悉浩瀚的天空……

真正的智者不是博而不精地去涉猎，那样只会庸人自扰。当你心无旁骛地对一个领域深入研究，达到无人能及的熟悉，在熟悉中，万物法度便清晰简单了。

中国自古就有"读书百遍，其义自见"的训诫。当百遍地"咀嚼"之后，才会熟悉文中意旨；当百遍地"消化"之后，熟悉才会让其义自见。

西方哲学家也说过，"知道得越多，才知道自己不知道的越多"。熟悉，会让人明白很多道理；熟悉，才会让人了解万物的法度。

当司马迁熟悉中华历史，才有了《史记》的不朽；当李时珍熟悉百草千方，才有了《本草纲目》的伟大；当纪晓岚熟悉经史子集，才有了《四库全书》的浩瀚博大……熟悉成就了伟人的不朽，造就了中华的辉煌，缔造了民族的昌盛。

心无旁骛地研究，才有了无人能及的熟悉，才造就了千古流传的功绩。冷僻枯燥的文字没有阻止住他钻研的脚步，孤独凄凉的大漠没有停止住他探访的脚步，世人的冷嘲热讽没有动摇他追寻的心灵，当对西域一种即将失传的文字达到无人能及的熟悉时，人们毫不犹豫地把"国学大师"的称号赠予了季羡林先生。

如果没有对文字的熟悉，他不会有巨大的成就；如果没有对汗牛充栋的经典的熟悉，他不会有深刻的认知；如果没有对中华典籍的熟悉，他不会学有专攻，不会有真知灼见；如果没有……

没有那么多如果，是熟悉成就了这位伟大的国学大师。而他熟悉的秘诀，就在于心无旁骛地钻研。心无异，行才正，思才深。

成功其实很简单，就是达到无人能及的熟悉。熟悉，一把通向成功的钥匙，一副登上成功的阶梯。

释迦牟尼在菩提树下七天七夜心无异，才成就了佛祖的大彻大悟；僧璨大师对佛法了如指掌，才有了"智者无为，庸人自缚。心若无异，万法一如"的劝世良言。

熟悉，万法一如。

珍惜弱点

姜维群

人皆有弱点，但弱点不同于缺点。缺点是行为道德上的不足之处，然而弱点大都是心理性格上的不如人处，这些与人自身的天生禀赋、性格、体质及阅历有关。若说缺点可以改正可以克服，那么作为人的弱点，与生俱来不说，还要伴人一生。

事物本身都有正反两个方面。据说海南岛的柏油马路面很抗热，零上四十度以上也不熔化；哈尔滨的柏油马路面能抗寒，零下三十度不会裂开。反过来说，海南岛的柏油马路最不抗寒，哈尔滨的柏油马路面最禁不得热。这个事例说明什么呢？事物的这方面愈强，它的反方向愈弱。可以这么说，弱点是强点优势的反衬，弱点也需珍惜。

诸葛亮最大的弱点谁都知道，一生太谨小慎微了，当年大将魏延曾提出偷袭长安的奇计，但被诸葛亮所否，致使魏延至死认为是诸葛亮的大失误。然而街亭失守，诸葛亮被迫摆空城计，司马懿之所以不敢贸然进城，是诸葛亮一生谨慎的"弱点"赢得这步险棋。

任何一个物种身上都存在弱点，但这并不影响"物竞天择，适者生存"的大规律。老虎和老鼠相比，老虎是强者，但并不等于强者身上无弱点，善用"弱点"者不仅不弱，反而成为强中强。以老鼠为例，其相貌卑琐，鬼鬼祟祟，无犬之忠，无猫之乖；无豕羊之肉香，无鸟禽之美丽。正因为它的"弱点"，人不仅不驯化它，还要打杀之而后快。兵法上说"置之死地而后生"，这老鼠在千百年的厄运中反而存活，鼠的家族绝对超过人的数量。这般弱点反而是优势。

  在世界上无绝对的强点和弱点。弱点于人不是什么赘疣，生出来就是人的累赘。因为弱点在任何一种事物中，犹如物体与影子的关系，根本谁也离不了谁。性格急躁失之鲁莽但决断性强，慢性子的人稳重有余但反应迟缓，在世界上谁也没有一个绝对的优势，谁也不会没有一点儿优势，基于这一点我们任何人都无须自卑，更不用自暴自弃。

  金无足赤，人无完人，正视自己的弱点，进而利用自己的弱点，无论是学业上事业上都能进取。比如大画家黄宾虹，晚年双目几近失明。然而他凭借感觉绘画，反而有另一种境界，成一大家。

  珍惜弱点是人生的不气馁，是完善人格的进取，是在弱音上奏出强音的大手笔。利用自己弱点是弥补，是反弹，但若一旦被他人利用便不是吉兆了。像吕布好色弱点被人掌握，派出一个美女貂蝉便让他如木偶般任人摆布；《封神榜》中的土行孙一离开土地法力皆无。珍惜自己的弱点，别让他人利用弱点，在某种程度上是生存的保护色，是缺憾之中的聪明。

花草絮语

王 玥

"每逢春一至,青鸟御风来",我默默地反复吟诵,淡淡的诗情从心中徐徐升起。于是,我轻轻放下手里的笔,慢慢转身,倚在窗前。

只觉满目盈了醉人的图画——春已经来到了我们身旁,在这个人间的五月天,悄悄驻足于我们中间。她的到来,使我的心湖泛起涟漪,抵不住她的诱惑,我驻足于这青春世界,寻觅花的暗香,聆听花的絮语——

花无声,可她摇曳的身姿,分明在传达生的喜悦和幸福!有人说,幸福像花儿一样。不错,花儿们的蓬勃生机和缤纷多姿,就如突然降临的幸福,令人措手不及,然后生出无限的惊喜。在我们每个人的人生道路上,虽有荆棘密布,但同时也缀满了芳香四溢的鲜花,它们就是我们拥有过的幸福,或大或小,却弥足珍贵。它们也许是浓厚深重的亲情,也许是值得珍惜的友情。在我眼中,花的傲并不是狂傲自大,而是心中的骄傲——骄傲着自己的香气可以袅袅存在于这个明媚的春夏之交,这骄傲中带有感激和满足。

花的缤纷让人神往,让人欣羡。但小草们散发出的气质也同样让我留恋。低调是它们的品质,它们在狭小的土地空间中生长着,也许没有人会注意这些小草,当初是怎样挣脱一块块石头的挤压破土而出的。它们奋斗的痕迹被春风悄悄抚去,再换以一身青青,继续书写着自己的故事。即便是"一岁一枯荣",它们也不怨天尤人,依然"春风吹又生"。 纯净的心态令凡人难以望其项背,不敢轻言小草的卑微。不卑不亢,笑对人生,这是草的生存姿态,是草的独特气质。

花草世界?是的,一花一天堂,一草一世界。世界如花草,只需单纯透明,沉淀到底,就可绽放光芒。我不禁抬头面向蓝天,淡淡一笑。此时云淡风轻,飞鸟远去,不留痕迹。

花摇曳,草轻摇。用缤纷的目光看待世界,用自己的真心,自由站立于天地之间,吐纳幸福的香气,收获欣喜和灿烂;用纯净的心态对待生活,用自己的信念,支撑起整个宇宙,顽强淡定。追求一份充实和自信,人生无憾,就足矣。

这便是花草的低声絮语,很轻,但我听到了,在这个春夏之交。它们来了,还在反复吟哦着——每逢春一至,青鸟御风来……

潜藏在灵魂背后

龚 爵

我异常确定，我从未见过你，也不清楚你的姓名，而我唯一了然于胸的，是你的声音。

当四周昏暗、万籁俱寂的时候，我总会听到你的呼喊。这喊声中没有什么特殊的情绪，但绝非奄奄一息，其中填满了虔诚与坚定。我从来没有触摸到什么狂躁的音符，也未曾洞察出因过分跳动而失去方向感的意念。你带来的不是流动的水，而是安静的云，只在不经意间飘过一段随性的距离。我因此臆想你的内心是空洞的，甚至已经因过分空洞而达到了极致，幻化为空灵。我转动思考的脑袋，整理稍显凌乱的思绪，妄想能够判断你来去的方向，而当我真正驻足时才发现，你的存在其实是一个迷局，你的方向始终包围着我的方向，每当我冲出我的世界渴望挣脱，便会狠狠地跌入属于你的更大的世界。你窥探了我的一切，而我，无能为力。

于是，我只好选择继续倾听你那熟悉的声音。

你说你向往自由。空气越发黑暗，越发沉重。似乎世间所有浊垢，都源自空气，同时又聚集于空气中。你说你心中也有这样的一团气，使你沉醉在光明中。我惊诧于你可以理所当然地把实在的迷失揉捏为"沉醉"，让一切看上去都是那么自然。你说这些都是假象，都是我被过于灿烂的光芒遮蔽了双眼。你说其实你醉醺醺地游走在陌生的土地上，胸口撕开想象中的放任和不羁。世界似乎是前进的，但你离目的地却越来越远。即便如此，你总在追逐着自由，那是你心中不灭的永恒。你渴望在最高的天上俯视世界，观察来来往往的人群、五光十色的霓虹。当你将自己安置在那样一个地点时，你突然发觉尘世的喧闹如鸟鸣般婉转，各色人群是现世精灵，世界的姿态相当优雅。仿佛每个人都在跳着一段潇洒的舞蹈。你惬意地挥动着双臂，仿佛那是你的翅膀，让你更接近天空的极限。似乎在你眼里，只有在某些边缘地带，才有你的追求。你叹息道你原本有过自由，可在一瞬间被无数的欲望吞灭了。你惋惜或许这个世上本来就有些东西是注定要失去的。

　　你崇尚黑白的对立。你自始至终都坚持黑和白才是所有颜色的起源，而颜色只有在接近黑白时才显出他们最真实的特质。你说是无法调和的矛盾造就了黑和白，矛盾越是深刻尖锐，越是饱满，黑就越纯粹，白就越经典。由此，你也异乎寻常地迷恋着不同的极端。你在那个错杂交织的地方似乎特别活跃。你的口气告诉我你宁愿在汹涌到狂暴的波涛中挣扎，也不肯去寂静的温泉里享受。你喜欢追逐，喜欢穿梭，喜欢注视在风中被吹倒的树，喜欢欣赏在石缝里艰难存活的草。这一切都只是因为你固执地偏好黑白，肯定矛盾的存在并将其无限放大。虽然如此，我却猜测你本身并非由矛盾构成。看得懂矛盾并分得清矛盾的，其本身必定是不矛盾的。你的内心大概是太平盛世。而你诚实地否定了我的猜度，告诉我能够掌控自己内心的，一定是颗不辨黑白的心。

　　你厌恶虚伪。厌恶怀有虚伪态度的生活。虚伪的态度导向虚无的人生，而虚无的人生将一无所获。那些可有可无的接近腐化的心密密麻麻地排列在你周围。你在精神上的鄙夷如玄幻的咒语把你从中分隔出来。特立独行的姿态激起千层不可一世的涟漪。你我行我素，似一朵玫瑰，婀娜之下藏匿了尖刺。我不解你有何信仰支撑。你苦笑着说，面对是一种苦难，这需要被动地去做出毫无必要的转变，但在面对过去之后，会看到许多原本未曾面对的问题迎刃而解。预想未来——确切而言是推理现在，才是最本质的法宝。你追求着，成为一个饱满的人，身体上没有一处是凹陷的。用最为精壮的躯体去承载一颗最实际的心，你酷爱这样的搭配。

我倾听着这一切，也思索着这一切，我甚至张开双臂，渴望在某个角落抓住你稍纵即逝的影子，但这些都是徒劳。我终于按捺不住，询问你的名字，追问你的身世。

你用低沉的声音回答："我从未离开过你的灵魂，我潜藏在你的灵魂背后，我是不属于你的。"

我惊讶于这样一个不属于我的我，突然，暗自一笑，笑得十分诡秘。

"鲜花"还需"泥土"扶

李 千

鲜花娇艳，泥土暗淡；鲜花高雅，泥土庸俗；鲜花似乎样样出色，不可一世，泥土似乎一无是处，至微至陋。然而，是泥土滋养了鲜花，没了泥土这个"累赘"，鲜花也将黯然凋零，珠华散尽。泥土虽卑微，其作用却不容小觑。

鲜花高高在上，露头露脸，他们是上流，是成功者，是威风八面的将军，是衣着光鲜的白领。泥土匍匐在下，被人忽视，他们是底层，是平凡者，是浴血奋战的小卒，是衣衫褴褛的"城市边缘"的居民。鲜花能在阳光下恣意绽放，那是泥土赋予它的美丽！

历史的原野里各色鲜花争奇斗艳，却也有一些因为嫌弃泥土为"累赘"而抛弃泥土，最终香消玉殒。想那席卷大半个中国、长达十年的"太平天国运动"在进行得如火如荼之际，却因洪秀全怀疑曾与自己浴血奋战的兄弟们，搜刮为自己呐喊助威的人民而落得个"石达开出走""天京陷落""战士命尽丧"的悲惨下场。洪秀全靠兄弟、人民打下了半壁江山，捧他做了"天父"成了"鲜花"，却最终将自己的兄弟、人民一一逼走，丢弃了泥土，鲜花也就砍断了自己的根系，黄泉不远矣。与洪秀全不同，刘备便深谙这"鲜花要靠泥土养"的道理，连逃命时都带上浩浩荡荡的百姓队伍。可能刘备原本只是棵不出众的草，可他不忽视泥土，泥土便把他养成能鼎立三足之一的鲜花。

时至今日，这原野上的鲜花种类、花色更多了。什么骄子，什么精英、白领。而一种怪现象却愈演愈烈，现在的鲜花们越来越忽视或者根本是鄙视脚下滋养他们的泥土的存在。那些民工、搬运工、拾荒者们，他们游离在城市边缘，做着城市里不起眼的泥土；他们被人们忽视，规划整理着城市的一草一木，做着城市赖以生存的泥土。然而，就是这样整日用自己的血汗哺育城市的人，却被"鲜花"们编入"防火防盗防民工"的口号，只有当春节时"泥土"弃"鲜花"而去，"鲜花"们才从步履维艰的尴尬中体会到"泥土不是累赘，是鲜花生存之必需"。

在欣赏遍地绚烂的鲜花时，我们不应忽视他们脚下的泥土，更不应视之为累赘或弃之如敝屣，泥土是鲜花的生命之源，微小却作用大。

跨越界线,清风自来

黄光阳

北岛曾言:"你行走的范围,就是你的全世界。"有人故步自封,安于一隅而无波无澜;亦有人如执剑勇士,以双脚丈量土地,以双手摘取星辰,跨越原有的界线,迈向全新的世界。

历史洪流浩荡向前,敢于跨界的执剑勇士如璀璨浪花徜徉其间。在建筑学上颇具造诣的林徽因,笔尖流淌出"你是一树一树的花开,是燕在梁间呢喃"这般清丽灵动如春风拂面的诗句……有识之士以他们的风骨,演绎了不同的跨界故事,成为后人津津乐道的赞叹。

而如今,跨界代表着一种新锐的生活态度和审美方式,早已成为社会潮流。

跨界是永不止步的人生追求。

人的特质在于会思考,会好奇于"山那边的世界",会主动探求界线之外全新的天地,把单薄的个体存在扩展成对广袤生活的认识,扩展成对天地间最深沉琴弦奏出音符的共鸣和回响。如果你安于一隅,又怎知山的那边是平坦的原野,还是壮阔的大海?孔子曰:"朝闻道,夕死可矣。"跨界亦是对"道"的追求,让自己在更辽阔的视野中寻求更大的发展,上下求索于长路漫漫,才不致泯泯于众人,流于坐井观天式的浮浅。

跨界能让我们更好地读懂自己。

古希腊哲学家苏格拉底曾指出："认识你自己。"在被限定的人生里，日复一日地重复单调的对白，麻木地兜转在方寸之间，灵魂带上了沉重的镣铐，迷失于某个苍白的角隅。若不跨越固有的界线，被限定的人生怎能活出酣畅淋漓，又怎能活成自己想成为的模样？正如《菜根谭》中写道："世亦不尘，海亦不苦，彼自尘苦其心耳。"所谓尘世苦海，不过是界线下的世人所看见的生活虚相。跨越人心的画地为牢，追寻自我的本真，在鸟语花香、云蒸霞蔚中与最初的那个自己相遇。

跨界并不意味着对原有世界的放弃。

跨界是为了开拓，是为了补充，是为了更大的发展空间。如原有的世界是辽阔的大陆，那么跨界后的新世界便是大陆周围的岛屿，需要乘风破浪才能抵达，但绝不可因为岛屿上的奇花异草而放弃整片大陆。原有世界是新世界的依傍，新世界是原有世界的扬升，两者紧密相连，唯有如此，才是真正的"跨界"，而非"换界"。

跨越界线，方如从蒙昧中睁开眼，清风自来，世界越发明媚动人。

生如秋叶，死若夏花

邹艾桐

听到杨绛先生去世的消息时，我的脑海里浮现出一个画面——一个身着浅色麻布衬衫的老人坐在阳台边的摇椅上，随着阳光一点点照在脸上，她安然睡去。离她逝去的日子已过去很久，悲痛的药汤渐渐化成了祝福的酒，洒向天地。愿你们仨不再分离。

不久前我买了一本《我们仨》，封面上印着她的字迹——我一个人思念我们仨。忽然想起年近八十的爷爷在家里偷偷翻着奶奶的旧照片，而无依无靠的杨绛先生写下这些文字时又是怎样的一种孤独呢？通读过一遍后，我拜服于这位大师的精神境界。虽然她的女儿、爱人相继离世，她也不惧回忆过去的点滴，在这样常人无法承受的痛苦下变得更加坚强、沉着。她字里行间的安之若素，好像是喝了一盏泡了多次的淡茶，茶香四溢、回甘无穷，透出无限的智慧。

她和钱钟书在清华相遇相知，在英国相守相助，也在钟书离去后的二十年相聚相失。她二十年的行迹仿佛在跟钟书说：我对你最大的思念就是你走以后我一如既往地过着我们两个人的生活。书中有一部分记述了她的梦境，一个冗长而可怕的梦。钟书被禁足在一条小船上，钱媛不久也生病住院了。去探望钟书的栈道上雾霭沉沉，她被告知不能向任何人提出任何疑问只管向前走。这段文字似乎写得很混沌，一会儿梦境，一会儿现实，然而她的痛苦在于梦境也是真实的存在，她梦到满腔热泪把胸口挣裂，掉落下一堆血肉模糊的东西。那些梦里的声嘶力竭，是亲人远去的背影，是充满离情的栈道，也是醒来后真挚的文字。

她和其他作家都不同，她是秉持着家风而写作的人。我们无法从中看到跌宕起伏的情节，却能参悟平平淡淡的人生。"淡泊明志，宁静致远。"她和钟书一生无升官发财之愿，唯愿清净中学习、写作。这样一个单纯温馨的学者家庭，安分而不失思考，避世而不失爱国。

书的结尾说："我们仨就此走散了，就这么轻易地失散了。'世间好物不坚牢，彩云易散琉璃脆'。现在，只剩下了我一人。家在哪里，我不知道，我还在寻觅归途。"泰戈尔说生如夏花之绚烂，死若秋叶之静美，我却说杨绛先生"生如秋叶死若夏花"。分别二十年，一家三口终于可以重聚，她终于找到了归途。她的丧事很简单，未设灵堂，未举行遗体告别仪式，也没有留骨灰。她仿佛在向世人表达她最后的"静美"……

看见的能力

蒋沈谚

刘亮程在《寒风吹彻》里写道:"落在一个人一生的雪,我们不能全部看见。"这句话道出了人生的冷酷和无奈,但是,王家卫又说了:"人的一生是见天地、见众生、见自己的过程。"如此看来,没有看见,就没有完整的人生。

也许有人会说,看见有什么难的,我视力很好,能看见很远的地方,而且每天早上我一睁开眼,就能看见世界。这样的说法,其实是对看见的一种误解。他说的只是"看到"而已,有个成语叫"熟视无睹",就是对这种所谓的"看见"的最好的批判。那么,什么才是真正的看见的能力呢?如材料中智者所说:"从毛毛虫里看见蝴蝶,从蛋中看见雄鹰,从自私的人身上看见圣徒,从死亡中看见生命,从分裂里看见统一,从人性中看见神性,从神性中看见人性。"可见,真正的看见是一种预见,是一种反观,是一种互察。

拥有看见能力的人,他可以从近处看见远方,从现在看见未来。睁眼看见小溪从脚底流过,他可以看见山的另一边的汪洋大海;低头看见一片树叶栖息在泥土中,他可以预知远方郁郁葱葱的林子;举头看见含苞的花骨朵,他可以想见它们将盛开于整个花园。其实,那些所谓的远见,不过是拥有看见远方看见将来的能力。正如当年的总设计师邓小平从中国南方的一个小渔村,看见了未来的港口大城市,这就是看见的能力的彰显。

拥有看见能力的人，他可以从正面看见反面，从缺陷看见完美。古人早已告诉我们这样一个道理，"福兮祸之所倚，祸兮福之所伏"，那个边塞的老翁可以从失马中看到得马的幸运，也能从得马看到堕马的悲剧。矛盾的双方本就是互相依存、互相贯通的，能看见事物的两面，你才能拥有"得之我幸，失之我命"的豁达和坦然。

拥有看见能力的人，他可以从自身看见他人，从他人看见自身。鲁迅先生曾说："无尽的远方，无数的人们，都和我有关。"确实，没有一个人是一座孤岛，我们都是处在和他人的相互联系中，我们不可以只把目光停留在自己身上或他人身上，要懂得互察。"己所不欲，勿施于人"，由己及人，明白人同此心；"他山之石，可以攻玉"，推人及己，清楚借鉴之重要。

拥有看见的能力的人，他的思想都可以穿透时间和空间，可以眺望到远方，万物都在其中潮起潮落。真正看见的能力不会被封闭的环境所局限，它的灵魂可以在广阔的天地肆意驰骋。

世界色彩斑斓，变幻莫测，谁拥有了一双慧眼，具有真正看见的能力，谁就能洞察世界真相，占领思想高地，就能得到命运的青睐。

梦 遇 江 南

沈中秋

不知这是第几次遇见了你，这么近，又那么远……

到乌镇走走吧。不知多少次梦见这些古建筑了，只需静静地立在那儿，便给人一种岁月流逝、时光荏苒的沉韵。一幅幅画面跃然心间，前朝今朝的无限更替，无数的诗人为其感慨。我可以看见你那古朴的建筑，感受你沉韵幽雅的气息。青石小路望不到底，零星的小店渐渐扬起了布旗，络绎的行人脸上洋溢着幸福……比起这些，本着女孩子爱美的性格，我爱上了这里的布花裙。我无数次幻想着我穿上粉红小衫，在那朦胧小雨中打着油纸伞去那"相思桥"上遥盼那归人。小石桥，流水潺，乌江小镇几番春。

杨柳飞，雪堆烟，西子湖畔。我听到远处传来"淡妆浓抹总相宜"，不错，是听到的。涓涓流水嘤嘤燕语，人们嘴边的呢喃。西湖岂能用一美字草草敷衍，她不似乌江小镇的古韵纯朴，她是高雅的，她的恬静是浑然天成的。杨柳依依，浮萍隐隐，绿水垂柳，雷峰塔尖……这时心中油然而生一计，向那远方叫唤："白娘子，西子湖畔，许仙终究与你不问归期了吗？"一片默然，风声依旧。西湖美景三月天，这时的江南也是别有一番滋味啊！

明清街，崇本堂，同里小巷历沧桑。游子啊游子，莫忘记明清街旁幽幽小巷，一份份执恋伴你远在天涯念你归家。比起乌镇的青石小路，同里的更得我心。层层叠叠，高低不平，仿佛那绵延的山路，走下来了，就宽敞了。"离愁渐远渐无穷，迢迢不断如春水"，风中丝丝深意，是姑娘们悠悠的思绪还是那王朝更替的哀情？可是同里笑了，她道：小桥、流水、人家，这才是我亘古不变的生涯。此时的古道依旧西风瘦马，断肠人儿啊，此时此刻你在哪儿啊？落花犹在，香屏空掩，人面知何处？同里啊同里，我独身一人遥望小巷的尽头，终望不到那绵绵柔情，你可真欺负我这个大俗人啊！

　　一步一步从江南走过，花开花落，世事变迁，该醒了吧。蓝天、白云、绿水、蓑笠；姗姗路人，茫茫归途，悠悠愁情；一条条路，一面面墙，一座座桥。我们终究也会分离但却好似一直在一起，这么远，那么近……江南啊江南，莫遗弃我的素裙，抹去我的足迹，忘记我的声音，我是那般不愿离去，可梦总会醒……

　　不悔与你梦中相遇，只恨一场梦境匆匆，江南啊江南，我多盼与你后会有期……

千古多少清秋泪

董士奇

深秋，月色落地成霜。夜雨无常，窗外竟响起淅沥的雨声。风吹过，檐角高系的风铃发出沧桑之音。那缥缈的铃声萦绕耳边，似近在咫尺，却又远在天边。不知为何，一滴清泪划过脸颊，沾湿了一缕头发。心如一叶小舟，在弥漫着朦胧雾气的湖心起伏，思绪乘着铃声向远处飘荡……

铁马冰河英雄泪

梦回千年，如丝的骤雨，寂寞的窗。陆游独卧在残破的木板床上，忍受着"幽窗冷雨一灯孤"的凄凉，彻夜无眠。灯花尽，雨声在黑暗中越发清晰。他听着雨打芭蕉，忆起平生之志，心火在死寂中再度燃起。

"夜阑卧听风吹雨，铁马冰河入梦来。"陆游披衣起身，研墨伏案，在烛影摇红中，用一杆竹管笔写下这永不漫漶的千古之句。泪浸湿眼角，滴落在宣纸上，伴墨迹晕开。这在深秋夜雨中，"上马击狂胡，下马草军书"的志气伴着滴滴的清泪，又显于心头。

临安依旧繁华，王侯将相在江南的小桥流水中风花雪月。可他在潇潇夜雨中心念故都，悲从中来而怆然涕下，一腔愤懑只能随水长流，铁马冰河也只能在梦中相见。

梦邪？非也。泪中又有几多空门意，几多尘世情，谁能说清？

人的一生总是沉浮梦中，泪是内心的真实写照，泪能平淡亦能澎湃。点滴清泪把陆游从梦中唤醒，让他在铁马冰河的万千豪情中看清自己的追求，于己无悔，问心无愧。

残秋孤酒相思泪

庭院深深深几许，月色空阶，怎教人睡。

"愁肠已断无由醉，酒未到，先成泪。"范仲淹静坐在树下。月华如练，透过叶隙落在身上。庭院深处漆黑一片，只有一盏烛火随风摇曳，平添凄凉。

酒香甘醇，却夹带了丝丝苦涩，扑面而来。酒未到唇边，泪先落下。故乡的旧景浮现，在月下渐渐清晰。杯中的酒伴着苦涩的泪水一饮而尽。颤抖的双手却出卖了他的离愁。

"明月高楼休独倚，酒入愁肠，化作相思泪。"范仲淹月下独酌，任清风吹衣，危楼独倚。天边星光隐约，江上雾气氤氲，岸边鬼火幢幢。落叶在西风中打着旋儿，落在栏杆上。叶落犹归根，可他却为国事奔波，无法回家。故乡的方向一眼万年，却是一步千里。

泪无言，却关情。千年，瞬息万变。岁月让范仲淹化为茫茫大漠的一缕孤烟，可泪中的相思之情，终成缭绕不散的箫声，飘荡在暮色下，永不磨灭。

一个人，一段往事；一阕词，半盏流年。

窗外秋雨依旧，眼角的泪已干。沧桑的铃声淡去，只留下缥缈回音，似古人低吟，在耳边萦绕。心湖下泛起点点微光，嘴角轻扬。

世间难得，不过情深；清秋之泪，莫失莫忘。

一场雪，一座城

金力行

记忆中大连的冬天不算太冷。

早上被她的阳光吵醒。一缕缕明媚的光破窗而入，从眼前经过，在空中拉出极细极细的痕迹。这痕迹就是冬天时她带给我的见面礼。

坐起身，跟随着指引，我努力睁开眼睛与她对视。仅仅隔着一层玻璃，我看到了她瞳孔中映出的世界，有一般城市的皑皑白雪，也有她自己的端庄大气。街道上车水马龙，人来人往，这座城市与平常一样快节奏地活着。而此刻，已高楼林立的市中心正慢慢苏醒，就像曾经楼下小广场上的蝉鸣。

我生在这座城，长在这座城，从小看着她的相貌，听着她的故事，唱着她的歌。

楼下张大爷还在的时候，我还曾撒欢地跑遍整条小街，看着自己小心地踏出的一行浅印，那时候，我便爱上了这个城市的雪，喜欢小雪花飘到手上的冰凉感觉，也喜欢窗外一片白茫茫时的恬静。彤云密布的时候，鹅毛般的大雪伴着冬日的瑟瑟冷风，驱走枯枝败叶的萧条。

记忆中那些关于雪的传说，因为经历了大连的冬天，而越发地真实。银屑儿似的精灵打着旋儿飞下来，现在想起当时的画面，就像回忆发黄的老照片，后悔没多看上几眼。

所以，趁着又一次隆冬，我想要赶快记下如今的风景。

楼下的松树还小的时候，总是挂不住雪。现在已像是被白色的蜡笔涂了整整一层，就连仅有的几颗松果上都盛满了小雪团。沿着马路上杂乱的脚印，走过昔日熟悉的街道，路旁的古建筑在雪景中又增添了几分神秘。我忽然就想这么不停地走，走到雪的尽头。

漫无目的地走在街上，看着街道上黄色缓行的车辆和旁边店铺的大玻璃窗，干净得没有一丝雪下过的痕迹。朦胧中，在拐角处的垃圾桶旁，我看到零星的雪蜷缩着，孤独地守着身边匆匆而过的行人。

如今的人们追赶着时钟上的秒针，计算着生活的筹码，没时间回忆小时候冬天的雪景，没机会看看大连少有的雪白色的光，只能等到夜幕降临，回到那个生活的中转站。纵使背上了重重的担子，每天都迈着匆匆的脚步，只要停下来，想想从前记忆中像梦一样的场景，再看看周围的一切。这座城，还是那个我们都熟悉的那座城，这漫天的雪，还是我们都熟悉的那场雪。变了的，只是我们的双眼，和我们看待这个世界的方式。

虔诚地感悟这一场雪，真心地聆听这一座城吧！

擦亮双眼，卸下身上的包袱吧！

让雪落在身上，留下记忆中的痕迹，留下记忆中的清香，相信那记忆中梦幻般的晶莹，定会重现眼前。

一场雪，一座城。

有的是记忆中的银装素裹，有的是大连那不太冷的冬天。

远方，并不遥远

丁 宁

海子说："远方除了遥远一无所有。"他用诗一样的语言描绘了他心中的远方。我不知道他为何会发出这样的感慨，我只知道我正为了诗和远方努力着，并终将生活在远方。高晓松将"诗和远方"变成了"诗和远方的田野"，将看似遥远的远方变得更为真实可触，也让生活多了一些温暖和亲切。其实，这才是生活，不需要为生存而苟且，不需要机械地复制他人的轨迹，更不需要为此放弃梦想和追求，放弃你所存在的唯一意义。

如果你不曾看过晴天时午后的阳光，那么选择一个明媚的日子，在睡了一个完美的午觉后，慵懒地从床上爬起来，打理好自己，为自己泡一杯咖啡，穿着家居服，就这样坐在阳台上或书桌前，静静地看着从窗外斜射进来的一缕阳光，你会发现，细小的灰尘在阳光中分明可见，飘浮在空气中，随着你的呼吸，空气被震动，它们轻柔地起舞，好似灵魂舞者无声地诠释生命的力量。

如果你不曾听过雨天时雨点掉落的声音，那么选择在多雨季节的一天，放下手边的工作，关上电脑和手机走到窗前，耳朵贴近冰凉的玻璃，你会发现，雨的世界同样充满惊喜与美妙。雨点有节奏地拍打着窗，顺着玻璃滑动的声音像是每一个音符后的尾音，而掉落在别处的雨点又与之交相呼应，落在屋檐上的雨声像是散了线的珍珠，此起彼伏；

落在窗台上的雨声像是初学走路的孩子，战战兢兢；落在树枝上的雨声像是捕食的飞鸟，灵动轻盈……

　　如果你真的不曾去过田野，那么选择骑上单车，来一场说走就走的旅行。不一定局限于哪个时节，四季的田野都有着它别样的色彩。于我而言，可能更倾向于夏秋之交去到那里，夏日的余温还未散去，最后一波蝉鸣还在聒噪，但空气中已多了一丝秋的气息，清爽并不萧瑟。麦田里俨然一副即将收获的模样，金色的麦浪随风涌动，伴着低矮的麦穗碰撞时发出的沙沙声，不知你可否感受到自然的心跳。若是晚了，就不妨借一椽破屋住着，在无垠的星空下，在柔和的月色里，听着虫鸣，感受着亦近亦远的诗和远方。

　　在忙碌喧嚣中感受诗意人生，远方原来并不遥远，诗意与苟且只在一念之间！

学会铭记，一路前行

李 甲

自然界有许多东西会随着岁月风雨的侵蚀而不断风化甚至消失，但是在人类社会中，总有一些东西无论外部环境如何改变，永远不能让其"风化"，因为那需要永远地铭记。

铭记恩情，感恩父母。我们能陪父母的时间有多少？许多人或许会认为有许多，上海交通大学的一道期末考题告诉了我们：假如父母对子女的爱是每天一公里，再假设父母平均寿命为八十五岁，按平均生育年龄为二十八岁计算，从我们出生到父母离去，父母对我们的爱就是两万零八百零五公里，里程相当于我们绕行半个地球；子女对父母的爱有多少，因为求学，这份爱被开平方；因为工作，这份爱又被开了平方；因为组建了自己的家庭，这份爱又被开了平方；因为照顾自己的孩子、社交、各种应酬，这份爱一次次被开平方……渐渐地我们似乎忘记了这份爱，最后子女对父母的爱只有一公里。面对这样的结果，我们除了震惊、心酸，更多的还是应该从现在起，铭记这份恩情，不要让这份情感继续"风化"，不要让这份爱再继续被开平方。

铭记责任，造福百姓。古人说："上有天堂，下有苏杭。"美丽的西湖承载了多少中国文人的梦，苏轼虽被贬至此，然而他并没有悲怆，没有哭天地，没有愤愤不平。他更不因外部环境的改变而"风化"自己的良心，而是时时刻刻铭记着"为官一任，造福一方"的为官之理，于是，一道苏堤便横卧西湖，成为中国历史上永远被后人铭记的一道用责任与良心筑起的风景。

　　铭记文化，传承文明。如果我问你"白骨精"是什么意思，你会脱口而出："白领、骨干、精英"；如果我再问你"知音体""甄嬛体""蓝翔体"是什么意思，你更会"文思如泉涌"地写上一段。如果我再问你：你知道汤一介、季羡林、任继愈、周汝昌的故事吗？你会背诵多少首古典诗词？你看过几遍《红楼梦》……这些问题不知道有多少人会哑口无言。

　　列宁说过："忘记历史等于背叛。"诸子百家，竞相争鸣；唐诗宋词，流芳千古；四大名著，熠熠生辉……这些都是我们引以为豪的民族文化。可如今呢？这些优秀的传统文化似乎早已被"美女作家""少年作家"所"风化"，于是一篇篇穿着华丽外衣的文字活跃在文坛。长此以往，我们的文化积淀何在？我们的民族之魂何在？

　　鲁迅说过："人们因为能忘却，所以自己能渐渐地脱离了受过的苦痛，也因为能忘却，所以照样得再犯前人的错误。"所以无论外部环境如何改变，我们永远不能让某些东西"风化"，只有这样，才能一路前行。

圆 与 缺

刘晓游

每个人都是一条鱼，我们在生命之海里游戏，到达彼岸的时候，这一生就算是结束了。我们常抱怨人生苦短，憾事太多，其实缺又何尝不是圆的一部分呢？

蔡澜拍摄外景的深山里住着一位厨师，他一生都住在山上。在我们看来，他有许多不知道的事，因为住在山上，他无法领略大海的壮阔深邃，他无法体验多姿多彩的城市生活，他无法品尝各地的鲜美小吃……他也知道他的人生有缺憾。也许你会说这位厨师没有追求，人生有缺憾竟不尽力去填平，竟不想让自己的人生变得圆满！

但是面对蔡澜的惋惜，厨师竟然用"不知道的东西，有什么值得可惜"来回答，这回答是多么掷地有声！

"人有悲欢离合，月有阴晴圆缺。此事古难全。"人们都明白人生总会有缺憾，缺是人生常态，有缺才会更显得珍贵，缺也是圆满的一部分。

也许那个厨师也曾暗自伤心为什么自己不能领略各种风光，不能体验各种生活，不能了解所有知识，但是这又何妨？在这个他从未走出的深山里，他安然地度过了他的一生，闲暇时他可以听鸟鸣声声，他可以坐看天边云卷云舒，平淡生活中包藏无数的美好。这样的一生，对于厨师来说不也是美满的吗？

被誉为"北宋倚声家初祖"的晏殊，以诗闻名，以词传世，其珠圆玉润、雍容华贵的艺术造诣，让他的人生变得圆满。然而，这圆满中却又充满着复杂的矛盾冲突。晏殊仕途一生都伴随着党争，宋真宗时寇准和丁谓，仁宗时吕夷简和范仲淹，晏殊正身处其间，一生如履薄冰，但还是三次遭贬，于是在晏殊的作品中人生苦短、及时行乐便成了主旋律。然而这一思想又与淡泊功利、乐天知命常常绞在一起。"三月暖风，开却好花无限了，当年丛下落纷纷。最愁人。长安多少利名身。若有一杯香桂酒，莫辞花下醉芳茵。且留春。"暮春花谢，感人生之易逝，名利之虚逐。晏公以奉儒守官者视之，乐天知命，而以道心法眼观之则安之若命，在这不圆满的人生中追求圆满，这缺憾让其人生呈现出别样的圆满。

生活中有缺憾才是真正的圆满，缺憾成就了别样的圆满。

古炉之思

陈思远

在老家堂屋的一隅,有一只快要倾圮的古炉。

它是用胶泥垛叠的风炉,炉膛内积着厚厚一层炭灰,炉面如陈逸飞笔下的双桥,斑驳而多孔。我每次看到这只粗糙的炉子,总是唏嘘不已。

苏北人家,家家都常备一只古炉,清晨烧水,傍晚烹茶,请客时焖肉,年节时蒸煮。古炉如同勤劳的女工,协助主妇将日子过成一阕温馨的长短句。到了冬日,雪压屋檐,炉上烫热了黄酒,问一句"晚来天欲雪,能饮一杯无",正是围炉夜话的好时候。

我明了古炉在烟火人家寻找到了自己的定位。

可今日今时,我们却迷路了。

余秋雨说道:"我在人类精神的残枝败叶中看到了人类文明的深秋。"步入文明深秋的人们,却在文明深秋的十字路口迷了路,充斥城市的古旧建筑逐渐消失,千万人共同追赶一种潮流,失去了古老韵味的义明,一切都不复精彩。

冯骥才曾言:"当中国六百多座城市变成一种样子,我仿佛看到了文明的悲剧。"诚哉斯言!从前啊,若向北京人问北京,他一定会用一口由冰糖葫芦和大碗茶、什刹海的蜻蜓和六必居的酱菜陶冶的纯正京腔,告诉你何处是万寿山,何处是雍和宫。可如今,我们已失去了用一口井、一棵老树甚至一个独特的屋檐来定位自己的能力。

　　今日今时，每当我看到货架上的各种炉子，总忍不住伸手抚摸，精致的火锅炉、小巧的电磁炉、专为煲汤而设计的小巧煤炉……每一件都没有了一个独特的故事，它们都有自己明确的方向。

　　由是观之，寻找自己才是行者手中的指南针，徒然地寻觅引路人或迷路者，很难走出人生这座扑朔迷离的迷宫。

　　望着这只古旧的炉子，我心潮起伏。古炉已俨然成了寻找自己的象征，既然它在烟火人家找到了自己的定位，那么，我也将拨开重重迷雾，在人生之路上寻找自己。从此，我的生命便有了过尽千帆后的坦然和江上数峰青的自在。

彼之雨雪，吾之春风

王馨怡

同是竹杖芒鞋，有人看见一身落寞，有人则品出一派洒脱；同是夕阳余晖，有人秋水共长天一色，好不壮阔，有人则日薄西山，心头戚戚寞寞；同是兰舟催发，有人只识现时的肝肠寸断，有人却望见了日后的山长水阔。同事同物，而所见之景万殊，是心之迂阔不同、视野之远近有异也。

钱钟书先生，我最敬佩的一位君子，一位真正能看见坟墓旁的鲜花、听见巉岩上的鸟鸣的智者。十年浩劫，冷眼冷遇冷言冷语，在他眼里恰是难能可贵的好时机——他可以保其天真、成其自然，潜心一志完成自己能做的事。我知道许多人心驰东坡"万人如海一身藏"，也企慕庄子所谓的"陆沉"，而真正甘心"埋没"的却寥寥无几。钟书先生则不然，他将人人避而不及的"埋没"视作另一种形式的积累。"埋没"于他是一件量身定做的"隐身衣"，在它的遮盖下，世态人情分毫毕现，可作书读，可当戏看。唯有身处不名的人最有机会看到世态人情的真相，而非面对观众的表演。这一切嬉笑怒骂最后也都化为滋养其作品情节、人物、细节的万斛泉源，成为不朽的经典。

人人不解钟书先生"曳尾涂中"之乐，却不知道泥淖里也能看见天空中的飞鸟，也更有可能触碰岸边思想的蒹葭。于是在那个许多人只看见黑暗和痛苦的年代，钱钟书还看见了理想和光亮，并凭着这一道光摸索到了天放亮的时刻。君子心连广宇，视野通达，能识疾风中劲草，见暮霭中虹霓。

还有一位不得不提——史铁生。对于残疾和苦难，他如是说："此岸永远是残缺的，否则彼岸就要坍塌。"他看见了现实中缺陷的必然性，他的身体是残缺的，更可悲的是有些灵魂的千疮百孔。因此，残疾和苦难都没成为他怨恨命运的理由。面对死亡，他在《我与地坛》中写道："死是一件不必急于求成的事，死是一个必然会降临的节日。"他看得透彻，以至在2010年死亡真正降临的时候，他也毫无恐惧，离去得既勇敢又有尊严。撒旦如遍地吼叫的狮子四处寻找可以吞噬的人，常人只见死亡之可怖狰狞，史铁生却看见死亡中的新生、悲悯、安宁。他的心态正如地坛里的草木蜂鸟，素朴灵动而极富生气，也正是这种心态让他看见了"荒凉衰败"的地坛里的蓬勃之气，看见卑微蚂蚁的可爱、渺小露水的圣洁、丑陋蝉蜕的诗意，看见万物性灵，看见大智大美。他在朱漆剥落、围墙坍圮的地坛里看见了生命的真谛。

万物都有千百张面孔，关键在于你选择哪一张去触摸。囿于眼界和心态，许多人往往只见晦暗、阴沉、肤浅的一面，却对其他模样视而不见。东坡眼中的星月赤壁却是他人眼中吊古伤今的伤心地，联合国教科文组织眼中的"科学与诗意完美的结合"可能是很多人眼中平凡至极的小村落，巴菲特眼中财富与机会涌动的机会恰是其他股民仓皇而逃之时。写过《龙城三部曲》的作家笛安曾被问询为何选择一个普通的工人家庭作为故事的落笔点，她回答："可能大多数人提及普通、家庭、三代，都会想到柴米油盐的琐碎，但是我看见了其中复杂而柔软的人性。"实际上，她上升至人性高度的眼界不仅触动了读者更成就了她自己。

人生路漫漫，有人俯仰之间皆是阳春烟景，有人却愈走愈心力交瘁。何妨阔心胸、拓眼界，以浩然心胸拥抱大世界，以炙然视野观人情百态，见平凡中的不凡、纷繁中的简单、困窘时的机遇。故彼之雨雪，即吾之春风。

我只有骨头

  有人敲门,敲断了思路,只此一敲便搁笔三天,不知道也想不出该续写些什么。抱一部《离骚》,竟读出血腥。一读再读,不忍卒读。当感谢屈子,感谢他留下了千古的绝唱。好一个有骨头、有骨气的人啊!
  你漆黑的眼睛透着漆黑的欲求,我已说过我只有骨头,难道你还不罢休?除了骨头我一无所有,将几斤骨气施舍于你,可否接受!
  我只有骨头!

我只有骨头

马秀英

我只有骨头，供几只蚂蚁尚可，养太多蛆蝇确实不够。倘若有人非要耍赖，吹胡子瞪眼向我索求，那么抱歉，我只有骨头，将几斤骨气施舍于你，可否接受？

我只有骨头，而这骨头里收集的满是骨气——酒一般霸道的骨气。酒是什么？白酒、黄酒、红酒、鸩酒、蒙汗药酒……万千酒名，千万名酒。古往今来，那些英姿飒爽的酒客，弃功名利禄如草芥，视清骨傲肠为至珍，他们提一柄宝剑，笑傲整个江湖。刀光剑影中，有他们举杯畅饮的豪情。杯杯春风、脸脸陶醉，醉里吃透人生，醒来成就事业，何等豪壮！我不会饮酒，但我有骨头。我知道不管岁月怎样艰辛，生活怎样困窘，我的骨气必将激励我走向成功。

子夜，我伏于案首。想那平静之海深处的狂涛，想那安详之山胸臆的激荡。猛然间，我醒悟了，为什么海不枯？为什么山不崩？因为他们有骨头。于是，我想——

假如我是一叶扁舟，我不会随意停泊，也不会随波逐流。管它狂风大作，管它巨浪翻腾，就算有朝一日我的躯体被风浪吞没，我依然不会改变初衷。

假如我是一只秋蝉，我会将夏日的欢乐积攒。是的，我的欢乐变成呢喃，我的羽翼不再鲜艳，我的生命即将走到尽头。但是，待到来年，我依旧可以欢唱整个夏天。

假如我是一片浮云，我会尽情飞舞。为天空编织亘古的缠绵与美丽。似乎我的命运是风在主宰，但谁说我是在放荡地漂流？聚聚散散，云卷云舒，天空有我更灿烂。

扁舟，在惊涛骇浪中奋勇当先，因为它有骨头！

秋蝉，在瑟瑟秋风中饮露鸣曲，因为它有骨头！

浮云，在万里晴空中聚聚散散，因为它有骨头！

……

岁月的花边，镶嵌的多是珍珠，生命的底蕴，结晶的多是老泪。历史的确是一条河呢！其间沐浴洁身者不计其数。也许历史的筋骨真的是一长串贪官污吏拉长的嘴脸吧！但那又如何？有骨头，就有骨气，有骨气就不怕没有容身之地，有骨头就不怕世俗的排挤。

有人敲门，敲断了思路，只此一敲便搁笔三天，不知道也想不出该续写些什么。抱一部《离骚》，竟读出血腥。一读再读，不忍卒读。当感谢屈子，感谢他留下了千古的绝唱。好一个有骨头、有骨气的人啊！

你漆黑的眼睛透着漆黑的欲求，我已说过我只有骨头，难道你还不罢休？除了骨头我一无所有，将几斤骨气施舍于你，可否接受！

我只有骨头！

江 水 滔 滔

胡犀子

茫茫高原，皑皑白雪。江水从其间奔腾而下，沿着曾经冰川刨蚀的行迹，一路东流，昼夜不息。

冰雪的泪水冲出了一片沃土，灌溉了一方肥壤。滔滔江水，和着历史的脚步，哺育出了一方灿烂的文明。

从蛮荒森林的石器时代到农业文明，你见证了太多人类历史的足迹。半坡的彩陶盆曾装盛着你的清澈，河姆渡的劳动人民曾痛饮着你的甘洌。鸡鸣阡陌，蛙唱稻香，寥落的村庄里飘起炊烟，告别着茹毛饮血的野蛮时代；河畔若隐若现的车辙印，顺着河流指引的方向驶向文明的曙光——于是，一个文明古国傲然屹立于东方，勤劳、智慧的人民用汗水与血泪筑就一片辉煌。

江水滔滔，迎来又送去了繁荣、寂寥。感慨悲歌的泪水在人们心中澎湃激荡、代代相传。

"逝者如斯夫，不舍昼夜"，是一条匆促的江水，留下了身后的怅惘；"日暮乡关何处是？烟波江上使人愁"，是一片浩渺的江水，迷蒙的雾气氤氲着愁情；"不知乘月几人归，落月摇情满江树"，是一潭多情的江水，花月的交融掩映着淡淡的思念；"滚滚长江东逝水，浪花淘尽英雄"，是一湾奔腾的江水，如沫的浪花唱出了一阵阵凭吊的嗟叹，空空的牢骚。

江水滔滔，承载着太多的情感。时间成了古风，思念成了乐府，失意成了绝句，怅惘成了辞令……在人们的心中，淙淙汩汩，连绵不绝。

你流淌出了灿烂的文明，划破了中华大地混沌、蒙昧的岑寂。

你目睹了历史之花的盛与衰、开与落，流过了岁月的沧桑，将那民族精神注入到每一位炎黄子孙的血液中，生生不息。

荃不察中情的哀怨留下了扼腕的叹息，而鲁迅为此抒写了"血荐轩辕"的豪迈；丹心照汗青的雄心留下了敬慕的称赞，而夏明翰也追随着先人的足迹成就了凛然大义；不为封侯愿海平的誓言留下了无畏的神话，而后人也在那番鼓舞中为国之尊严而战……

沧海桑田，不变的是悠悠民族魂，纵然江水淘尽了是与非、成与败、荣与衰，新的曙光下，又要上演着民族自强崛起的奋斗史。

当每一滴水珠的力量紧紧相融之时，就构成了日夜奔腾的气势；五十六个民族在漫长的历史中融为了一体，开拓进取，用汗水、智慧去编织祖国灿烂的图景，用自强不息证明自立于世界民族之林的骄傲！

万里滔滔东逝水，流过了昨天、今天，再满载着自信向明天奔去。

你听，那滔滔的江水流淌的声音。

转过身你已是海洋

姜远涛

> 如果我的胸怀能包容宇宙，那么我的身躯又该在哪里呢？
> ——题记

闻四时风声雨唳，听四季花开花落，望天上云卷云舒，观四海潮起潮落，于是心灵便在那份自然的宏伟与绚烂中变得丰富而深刻。

自然的魅力在于它改变你于无形之中。像风，你无法捕捉它的身影，却无法否定它将顽石侵蚀成沙粒的力量。于是在你置身山川峰流之间，心便受着自然的熏染。

日月之行，若出其中；星汉灿烂，若出其里。仅是曹孟德眼中的盛况吗？汩汩涌现出的是那沧海般博大的心灵与深沉睿智。海本没有路，而它却拥有无数条路，豪华的巨轮，负载的船只荡漾过后它依旧沉默。于是有人"面朝大海，春暖花开"，海洗涤着灵魂沉重的负载；于是有人"面朝大海，转过身你已是海洋"，海滋润着你的气质与品性。

海于深沉中孕育着智慧，山则在庄严中诠释着宽容。排山倒海的气魄被山博大宽容的胸襟气度包容。攀登的愉悦是山的馈赠，"会当凌绝顶，一览众山小"的畅快和"山至绝顶我为峰"的自豪岂不是山的恩惠？坚强与坦然是山的秉性，于是山在云雾缭绕中挺拔，在海浪拍打中耸立。在险峻已极的高山上，向远方眺望，任白云在身边飘动，任飞瀑在脚下轰响，在你惊喜的双眸里，有轻盈的旭日，有苏醒的原野，有起伏的海洋，于是你陶醉于大自然鬼斧神工的杰作，却浑然不知，当你屹立于高山之巅，便把自己也升华为一帧风光。不觉间，我们便在与大自然的亲密接触中抛却了烦恼，淡去了世俗的包袱，心中便植入了一座大山，一座可以让你俯视人生的峰巅。

生命需要内涵，生命也需要搏击，在搏击中坚强，在坚强中坦然，在坦然中丰富灵魂，于是便有了"要看银山拍天浪，开窗放入大江来""惯行不解愁风水，瀑布滩雷只卧听"的深蕴。

让心灵像宏宇一样，保留一份枕峰听涛的兴致，于人生航程的潮起潮落中保留一份宠辱不惊的姿态。思索在过往的沙滩，听大海演奏如泣的慢板，摆动不懈的双脚，耸起巍峨的信念，让今日的宁静，掀起明天的狂涛巨澜！

留 白

郝小凡

《四十八章经》中说:"欲念之人如执火炬,逆风而行,必有焚手之患。"

——题记

留白是狼群领地间的空地,让它们彼此守望又不丧失独立;留白是刺猬身上尖刺的长度,让它们彼此温暖又不会伤害对方;留白是上班族在公交车上的一个惬意的盹啊……其实,留白何尝又不是人生的一种智慧,一种品质?

通信业巨头华为集团有过几次跳楼惨案,几个如花的生命在竞争面前凋零,生活的快节奏充塞着生活,让这些"精英"无所适从。也许,我们会用满腔的热情让笔尖蘸满了墨汁,继而肆意地挥洒在生命的卷轴之上,媚而不俗的红,深沉的蓝,梦幻的紫……当颜色幻成了七彩,身心俱疲的我们却没有了先前的兴奋,感受到的却是生命不堪之重。世人忙着为自己的生命着色,却唯独忘记了中国传统艺术中的哲思——留白。

林语堂先生说:"幸福意味着安宁,身体的安宁与思想的安宁。"倘若获此安宁者,必是学会了为生命留白,无论是身体抑或思想、情感。身体是生命的基本,重要性不言而喻。在竞争激烈的今天,懂得在健康和工作之间留有间隙，才有立于不败的根本。

思想的安宁同样来自留白。当大众文化以猛烈的攻势胁迫大众思想时，当思想日益多元化的社会呈现在面前时，为自己的思想留白，给自己一个冷静的选择与创造的空间，去拥有一种"举世皆醉我独醒"的逍遥与自得。这空白不是愚者的无知与麻木，而是智者的多慧与清醒，不是跟风者的摇摆不定，而是坚持者的坚信不疑，是创造者的天堂。

人的情感向往安宁与幸福，留白再次展现于生命的画轴之上。且不说世态炎凉，人情冷暖，但说人本身承载情感的能力已是有限，与人太过亲近，只能是矛盾丛生，疲惫劳心。"月盈则亏"的道理怕是人人明白的，却也是人人在人际交往中重复着的故事。为自己的情感留白，成全自己的安宁，随时捧一杯香茗，远离人世繁华，享受白的雅致与淡然。

人生如挥笔作画，看似存有机缘与偶然，实则自有章法——留白。在生命的空白之上，是灵魂的自由舞动，是歌声三日不绝，是思想的广阔延伸。各种各样的留白，是我们永远学不完的智慧。

为生命留白，没有尚未完成的遗憾，只有更显多彩的世界。

和谐的统一

张 一

去黄山旅游，总会对那怪峰孤松遐想万千，等到我亲眼见识到了，不免心潮澎湃，大呼壮丽——那孤松，曲曲折折，似老者的脊背；那危峰，亦崎岖险峻，有欲倾之势。两个个体本身都算不得美，却在相融中构造出了清雅高绝的图景！

一些个体，它们本身或许有特点，略有不足，但它们未曾钩心斗角过，未曾针锋相对过，在如斯的统一中，倘若你以总体之角度观之，竟是别样和谐。走下黄山，我不禁陷入了思考。

是的，如果你是求个体的方正，那么最终所得可能仅仅是一潭死水，茫然而无趣。君不见明清王朝盛行的八股文吗？八股文根本不讲求相融，不讲求文章总体的韵味，它只求圣人之气，只求体制规范、每一字的方方正正，这种偏安一隅的排他性，最终让文字失去了它原有的重量与美感，更让明清王朝裹足不前。

我想，真正的大美，绝不应该如此！它应当是支点的寻觅，是元素的交融，是单一的颠覆，更是和谐的统一。

个体的波澜不惊，甚至旁逸斜出，却能在同一后成就整体的云蒸霞蔚，别样风采。郑板桥先生曾说："意在笔先者，定则也；趣在法外者，化机也。"他也正是这样诠释自己的书法的。用隶书参以行楷，成就了和谐的同一，成就了"板桥体"的艺术高度。这样的例子还有很多。以前读何立伟先生的《日月盐水豆》一文，不禁为他文章中的文白兼用所叹服。文言，精巧而意赅；白话，又不失抒情之美。也许仅取一者，会令文章或大腹便便，或词肥意瘠，但两者的兼用却令整篇文章彰显了别样的韵致。

非独文学如是。荣格说："文化最终沉淀在人格上。"我想，我们的内心或许也要依靠无数不调和因素的融合，才能更为饱满。"我的心里有猛虎在细嗅蔷薇。"这是诗人萨松的诗句。猛虎不免过于生猛，蔷薇则过于柔弱，倘若两者并参，方为丰满而浪漫的人性啊！就像李易安，既有"争渡，争渡，惊起一滩鸥鹭"的女儿情态，亦有"至今思项羽，不肯过江东"的气贯长虹。她的人格，非婉约，非雄健，而是两者兼具的浪漫，令人怀想千年。

道与万物参。万物的和谐统一，方造就世间之大美。回首，我再看向那抹遒劲的孤松，再看向那面决然的峭壁，在夕阳下它们长久地融为一体，错落有致。我释然。

在思考中成长，在执着中成功

刘亦男

江水因为有了思考，并能在信念中勇往直前，才得以冲破高山的阻挡，开创了九曲回肠的壮美；树种因为有了思考，并在理想中坚持不懈，才得以冲破石头的重压，彰显出生命的坚毅和伟大；人类因为有了思考，并在憧憬中笃志追求，才得以冲破愚昧的桎梏，创造出当今世界的文明。

春秋时列国征战不断，弱肉强食，结果越国被吴国打败。然而越王勾践并未因失败而一蹶不振。他认真思考着、执着地准备着。虽然臣服于吴王，却卧薪尝胆、忍辱负重、励精图治，数十年如一日地积蓄力量，以图东山再起。这期间勾践没有受到温情的关照，没有舒适的环境，有的只是遭受蔑视和侮辱。但他思考着，雄心依旧；执着着，宏图不断扩展。终于，越国的金戈铁马践踏了吴国的都城。试想，越王勾践假如不思考、不执着地奋斗，怎会成为后来的五霸之一？

著名作家史铁生不幸腿残，只能以轮椅为伴。这对任何人来说都是沉重的打击。但史铁生并没有因此对生活失去信心，即使最初的作品不被读者接受时，他也不灰心气馁；面对饱经风霜的地坛，他仍然继续思考着，思考着生活，思考着生命的意义；他热爱写作，执着于所爱的事业，用思考的银锄去耕耘，用执着的金镰去收获。史铁生成功了，他的成功源于思考，源于执着。是啊，古往今来哪一个成功者的航船，能够一帆风顺呢？

不是么，在安徒生刚有处女作问世时，有人知道他仅仅是个鞋匠的儿子，就讥笑他的作品"错字连篇"，嘲笑他"不懂文法"，"不懂修辞"，等等。但安徒生并没有放弃对童话的创作，他正视批评，思考自己的不足，执着自己的丰富想象和创作天赋。英国诗人拜伦也是，他十九岁创作的《闲散的时光》出版后，有人讥笑他"把感情抒发在一片死气沉沉的沼泽上"，甚至把他骂得狗血喷头。而拜伦仍然思考着，坚持着自己的创作方向，不断地创作出新的作品……最后，事实证明了拜伦的成功。

思考明确方向，执着孕育成功。是思考和执着，让越王勾践得以东山再起，让史铁生成为著名的作家，让安徒生成为童话大师，让拜伦成为伟大的诗人。

冰心曾说："成功的花，人们只惊艳她现身时的明艳，然而当初她的芽儿，浸透了奋斗的泪泉，洒遍牺牲的血雨。"是啊，没有思考的"奋斗泪泉"，没有执着的"牺牲血雨"，怎能有"成功之花"的"明艳"？思考你的思考，执着你的执着吧！因为它关乎你的成长，关乎你的成功。

盛世安澜

颜雪雯

一

寒假时,我回到了家乡。

我家蜗居在长江边的一个小城镇里,临着荆江大堤,是1998年洪水后修建起来的。

一个人漫步在堤上,放眼望去是一望无际的江水,许多航船穿梭在江面上,延展开一片又一片的水纹。我环视着四周,突然发现堤岸旁的草地上立着一块石碑。走近看,上面用朱漆刻着四个遒劲的大字:盛世安澜。是为了纪念1998抗洪抢险所彰显的坚忍不拔奋不顾身的精神。我抚摸着上面整齐的纹路,仿佛再次置身于那个灾难之年,洪水如猛兽般肆意咆哮,人们流离失所的悲痛画面。而今,泛滥的江水早已平息。

我感慨着,正欲转身离去,可又觉得似乎有些意犹未尽,这四个苍劲雄浑的大字仿若拥有着不可名状的神秘力量让我长久地驻足。我口中默念着这个词语,突然对它有了更深刻的理解。

二

每个人的心里都有一条河流，生生不息地驶向既定的海域。

它提供着氤氲各种欲望的温床，激荡奔涌着欲望的波澜，永无止歇。比如许多人对金钱权势的嗜好，为了钱、权穷其一生，不惜任何代价。在物欲横流的时代，利益被人们供奉在心中最神圣的位置，对其顶礼膜拜，只是为了用这些架构起他们的虚荣心和浮华伪善的外表。人类的一切活动都越发地趋向于功利化。我们每天都可以听到贪污受贿、持刀抢劫的事件的发生，这些阴暗面正逐步磨灭人与人之间的和谐与真诚。

因了对物质的浅薄的追求，人们内心的河流里回旋起了一个又一个旋涡，混杂着各种欲望，掀起无数暗涌，湮没了人性中最本真的东西。

同时，这条河流也会因为生命中所遇见的许多难料的变化而翻滚着汹涌的波涛。

忘了是从什么时候开始，我们会因为各种突如其来的境况而搅动起内心的波澜。儿时，为得不到心仪的玩具而哭闹，因没有充足的玩耍时间而不满，既而演变成为压力而烦闷，为各种情感的钝痛而悲戚。许许多多的琐碎连缀成片段，横亘在你的生活中，让你无处可遁。

应该说人的一生中充满了太多的大悲大喜，每个人都不可能平平稳稳地终其一生。疾病的折磨、家庭的破碎、事业的坎坷，被安插在人生的各个罅隙里，用苦难与不幸丰富起它们的轮廓，就像被投入河流中的石子，对于有些人来说，它们会慢慢沉积到水底，为生命的阅历添加一份厚实的重量；但对另外一些人，则仿佛激起了无数的浪花，变得起伏不定，甚至泛滥成灾。于是他们被这多舛的命运羁绊住了人生的脚步，从此一蹶不振。

这条河水就是人们内心最真实的写照。在面对生活中隐匿的棱角与致命的诱惑时，只有不为物欲所屈服，不被挫折所打倒，用一种镇定自持的态度贯穿人生的始末，最终才能到达归属的彼岸。

　　一如我对"盛世安澜"这个隐忍的词语的理解：在这个盛大冗杂的世界，安抚住自己内心的波澜，拥有一种处变不惊、安之若素的态度去从容地应对人生。

三

　　我继续站在堤上，俯瞰着滚滚的长江。

　　那些航船在缭绕的雾霭中隐成了一个个小点，缓慢地淡出我的视线，投奔到了未知的远方。而此时，江面上被轮船荡起的波纹，也得以渐渐止息，无不显示着一种平和淡定的姿态，映射出温润静好的具象。

奇迹孕育于全力以赴

王 凤

我不去想是否能够成功，既然选择了远方，便只顾风雨兼程；我不去想是否会有风暴尾随，既然选定了目标，留给世界的只能是背景；我不去想未来是否如意，既然生活着，就要全力以赴，为理想而努力拼搏，让自己的世界天高海阔。

曾有多少燃烧着渴望卓越之火的灵魂在年少时意气风发，慷慨激昂；但却被生活的惊涛骇浪溅湿了理想的柴薪，窒息了进取的火焰。只有那些勇于追求、全力以赴的人才可以驾起不沉的方舟扬帆前进，到达更广阔的天地。南京外国语学校的2009届高三学生刘天相，被三个国家的三所国际知名高校同时录取。其中一个最重要的原因，则是他的申请材料中讲述到的一次实验。一次，他做化学实验时被硫酸灼伤，但只是简单处理一下，就回到实验室，继续做实验，这件事为何会被那些名校看重呢？我想，这件事将刘天相身上的那种全力以赴的做事投入的精神体现非常充分。因为全力以赴、做事投入是一个人之所以成为人才甚而顶尖人才的最为重要的品质之一。

大凡成功者的背后，必是全力以赴的努力和坚持。

想那些在艰苦岁月中仍然能焚膏继晷韦编三绝的人们，他们在岁月的涤荡中之所以能彪炳史册，名垂千秋，是因为他们为了理想而孜孜不息，任凭外界风吹雨打，也不会动摇他们专注投入的那颗心。

战鼓擂响之时，每个士兵都奋勇向前，为了祖国，为了人民，他们全力以赴，抛头颅、洒热血，金戈铁马去，马革裹尸返，那是一种无畏的力量在催动，将由士生，家由兵保，全力以赴的力量撼天动地，破釜沉舟的故事不断刷新。

将士在外，生死由天，君命所授，不得不战，但有一种全力以赴，是自觉自愿，他们将自己的境界融入更广袤的天地。

司马迁不惧毁身受辱，忍时人冷嘲热讽，二十年忘我拼搏成就太史公千秋史笔；徐霞客不畏道途艰险，涉溪流，探洞穴，访深山，入茂林，风餐露宿，一生追求，终成千古佳话；居里夫人不怜盛名美誉，将浮名换了精修细研，一心一意于科研，终于创造了一生两次获得诺贝尔大奖的奇迹。

考琳·麦卡洛说：每个人都渴望站在幸福的山顶，但所有的幸福都发生在全力以赴地攀登时。

幸福诞生于全力以赴的过程，这个过程虽然是孤独的，但也是富有而浪漫的。

当你辛苦到达成功的峰巅时，你往往会发现，值得回味留恋的却是那些颠簸的日子，那些奋斗的岁月，那些拼搏的时刻，那些不顾一切披荆斩棘的年华。周星驰在和上海交大学生交流时，回忆早年钻研演技时的心境，说："别人都认为你不行，但你偏偏去研究，完全陷在里面，感觉很孤独，但也很浪漫……在那种状态下很享受。"完全沉浸其中、全力以赴的过程可谓一种超越肉体乃至灵魂的享受！

全力以赴吧！你是一片寥廓的天空，总有一天会升起灿烂。全力以赴吧！你是一方坚实的土地，陆地上任何一个支点都可以建造丰碑，山重水复处也可寻得柳暗花明。

近 与 远

亓嘉伟

曾有人问哲学家，你的人生信条是什么？哲学家回答说："有的事靠得近一些，有的事离得远一些。"人生就是如此，我们会在一生中受到许多外来因素的影响，为此，我们应学会选择何时靠近，何时远离。

财富与名望的积累何时才到尽头？人的欲望何时才会得到满足？爱丽丝·门罗选择了远离。她说："能在每天下午三点，阳光照到我书桌时写作，就是最美好的事。"她住在乡下，身处于大自然之中，心灵得到了宁静。她又将这种淡泊宁静倾注于自己的作品中，为生活在喧嚣的都市中的人们带来了美好的体验。

我国魏晋时期的大文学家陶渊明亦是如此，看透了官场黑暗、深感力不从心的他又回归到了自己的田园生活。在田园中自得其乐，"策扶老以流憩，时矫首而遐观"的他如脱笼之鹄。他所留下的"采菊东篱下，悠然见南山"这样蕴含着闲情逸致的诗句也为后人所传诵。陶渊明也成了人们眼中不羡名利的代表。

同时，我们要与一些事情靠得近一些。或许是一个人身上所散发出来的气质，或许是良好的环境氛围，或许是自己内心深处最本质的东西。

中国有句古话：近朱者赤，近墨者黑。这显示了人所交往的朋友、所处环境的重要性。当一个人与积极向上的人交游，处在良好的氛围中时，毫无疑问他的未来的人生也是积极向上的。

中国古代有许多隐士，他们亲近山水，与自然为友，享受没有名利的生活，他们的名字虽然不为我们所知，但他们也收获了自己认为最好的人生。

离一些事远一些，飞蛾为了追求极致的绚烂奋不顾身地扑向烛火，最终却化为了灰烬；离一些事近一些，孟母为了自己的儿子更好地成长，三次搬迁，孟子也终成一代圣贤。在现实生活中，我们应远离对功名利禄的贪求，追求自然本真；远离会让自己堕落的人或事，靠近积极向上的人。这样我们的人生也一定可以绽放光芒！

孤独，生命的另一种姿态

宋道围

"人，会喜欢孤独吗？"对此，我的答案是——不会！这世上不存在天生喜欢孤独的人，只有那些经历了太多故事的人才跟孤独有缘。

张岱，明末清初一个落寞而优雅的文人，大家熟知的《湖心亭看雪》便出自他手。在作于晚年的这篇文章中，他极力渲染了一种寂寥的氛围，天地间白茫茫一片，一舟一湖一桥，天寒地冻中泛舟西湖，此情此景，谁能否认张岱是一个孤独而又洁身自好的隐士？可是，谁能想象得到，年轻时的张岱是一个公认的纨绔子弟？

"极爱繁华，好精舍，好美婢，好娈童，好鲜衣，好美食，好骏马，好华灯，好烟火，好梨园，好鼓吹，好古董，好花鸟……"真是活生生的"少为纨绔子弟"的写照。"劳碌半生，皆成梦幻。年至五十，国破家亡，避世山居……布衣蔬莨，常至断炊。回首二十年，真如隔世。"这段文字触目惊心，道尽了张岱跌宕起伏的一生，是张岱自己为自己写的墓志铭。一个人要经历多少世事无常，沧海桑田，才会说自己"一生像两世"这种话。在他流浪四方时，在他彻夜难眠辗转反侧时，有谁能陪在他身边，除了孤独就是孤独。孤独湮灭了一个穷奢极欲的张岱，却造就了一个伟大的士人。

"孤独"，在我看来，可能就是指孤单久了便有了独立的品格。在这之后，才有可能重新审视这个世界，才有了另外一个视角去观察事物，创新便由此而来。

　　还想提及一个人，鲁迅先生。他一生致力于救国救民，激励了一大批有识之士投身于救亡的事业之中。他，孤独吗？当然孤独！在他用激扬的文字，坚定地用"笔"这把利剑针砭时弊、指点江山时，却不容于当权者，也不能被民众理解与接受，反而遭受到了前所未有的批判与嘲讽。他走在救国之路的最前沿，暗自神伤。当权者昏庸蛮横，文人的力量仅若微光，在风高云低时，萤火之光顽强地发散出倔强的光亮，哪怕消除不了重重黑暗，但那毕竟是光明，是给予人希望的力量。鲁迅先生恪守人生信条，纵然"横眉冷对千夫指"，他仍在孤独中用自己的笔书写着新文字，抨击着旧社会。从《狂人日记》创新文学到开创表现农民和知识分子的题材，"孤独"无疑在其中起着无可替代的作用。

　　看看鲁迅和张岱，在他们远去的背影中，我感受到了孤独，我发现了孤独其实是生命的另一种形式。

谁偷走了我们的情怀

马艳玲

不知不觉，手机成了我们生活的一部分，电脑成了办公必不可少的条件，短信、QQ替代了书信。当磁带和CD蒙上岁月的灰尘，当纸质化阅读备受冷落而电子阅读方兴未艾，我们是否已经在现代科技的摇篮中丧失了该有的情怀？

真正有底蕴的文化，必有泥土的厚重、纸质的轻柔和木质的清香，而不是金属、塑料和玻璃的堆砌。

这是信息的时代，也是人情刻薄的时代。当数码时代来临，摄影不再是一件奢侈的事情，满屏的图片看似记录了生活的点点滴滴，却想不起曾经记录这些图片时的心情。当电子阅读逐渐普及，碎片化、娱乐化的阅读方式让我们的心渐渐冰冷。而我们，也再难有捧一壶茶，在阳光下静坐读书的情怀。随时随地的视频聊天、电话问候，让我们再也体会不到"鸿雁长飞光不渡，鱼龙潜跃水成文"的柔情，感受不到"想得家中夜深坐，还应说着远行人"的蜜意。

科技的发展让我们的生活更加方便、快捷。自美国1946年研制出第一台电子计算机至今不过百年，人类文明在大数据下快速发展着，所有人都在快节奏地生活着，却忘记了自己修养的沉淀，了解名著的途径不是通过纸质书籍而是电影、电视，根本无法去体会作者内心最深处的东西。

电影《人工智能》中的主人公大卫是一个机器小男孩，他善良、勇敢、坚强，深爱自己的人类母亲，但他的人类哥哥却是一个自私自利的孩子，虽然依旧是孩童本性，却为了争宠而让父亲赶走了大卫，那么究竟是人类更像人，还是机器人更像人？这引发的不仅仅是对道德伦理的思考，更是对人类情怀的探究。

一个没有情怀的民族是脆弱的，没有信仰，就只能像浮萍一样随风飘荡。在快节奏的当下，我们也应该记得传统文化的美丽，不要让科技偷走了我们的情怀。

在阴影中寻找光明

盛健宁

灯下人对影自怜，视它为挥散不去的阴霾，殊不知前方还有照亮影子的光。人本生来彷徨，为何不掠过暗影去寻找自己的一缕微光？

电影《中国合伙人》中有这样一句台词："在绝望中寻找希望。"即使颠簸在孤舟之上，在黑夜里也依然要憧憬对岸通明的灯火。

人生唯有在艰难困苦中执着求索，方能用远方微弱的烛焰点燃自己心火。战国苏秦，头悬梁锥刺股，日后拜鬼谷子为师，合纵连横终佩六国之相印；明代王阳明不因贬谪而沮丧，反而参见天地之心；才女杨绛在干校牛棚中不畏乱世，完成了举世公认的最优秀的翻译佳作——《唐吉诃德》。三十功名尘与土，八千里路云和月，我独不为所动，前有曦光，引我踽踽独行。

阴影亦无处不在，平庸者在黑暗中只看到无尽的黑暗。蜀鄙富僧，担忧路遥马亡，山长水阔，始终原地不行；太行智叟，畏惧两山难移，徒为笑谈。而心境纯粹的贫僧与愚公，始终怀有乐观之心，最终看到了远方。阴影固然伴人左右，难道山外的美景，不更令人向往吗？

世界上没有一处不被光芒照耀，即使是黑暗的角落。我们扪心自问，是否在追求心中的一缕微光？曾有雷军离开金山公司在灰暗中建立起属于自己的小米公司，也有扎克伯格在众人挖苦讽刺中仍热衷于服务于全人类的伟大事业。面对荆棘拦阻，不再躲避退让，而是望见背后的希望和光芒。新晋诺贝尔文学奖获得者鲍勃·迪伦在《随风飘荡》中透视人性光芒，难能可贵。我们在为心中的烛火奋斗时，身边必定布满荆棘，唯有满怀渴望，永远盼望前方的光明，心中所念才能圆满成真。

顾城道："黑夜给了我黑色的眼睛，我却用它寻找光明。"虽然四面皆为黑暗，我依然要寻找缝隙中透出的光。

在自由中寻找方向

孙 潇

人类几乎从未停止过追求自由的脚步。从庄子《逍遥游》中"无所待"的精神自由世界到当下信息爆炸时代里的言论自由,人性中对自由的渴望在一次次的呐喊声中得到了最大限度的释放。

随着新兴自媒体的崛起,传统的主流媒体不再牢牢掌控着对新闻的话语权与支配权,个体获取信息的渠道逐渐多元化多样化。这在一定程度上打破了权威对舆论的垄断和对思想的束缚,使愚昧无知的迷雾被个人的理性之光所驱散。

然而这种看似自由的舆论环境却恰恰造就了许多人的"不自由"。当我们失去了控制自己那双伸向智能手机的双手的自主时我们又还有多少自由可言呢?这样的我们,到底是在吞吐着大量的信息还是被如潮水般的信息所吞噬呢?我曾拼命地回想一整天里浏览过的信息,却失魂落魄地发现挤不出只言片语。碎片化的信息更像是无数块落满生活角角落落的玻璃碴儿,让我们无从落脚,无处可依,最终安于一隅,作茧自缚。正如萨特所说的:"你从来没有失去过自由,你一直是自由的,你感到不自由,是因为你自由地选择了不自由。"

可为何我们明明拥有了自由还是会不由自主地被一种不安感所绑架,心甘情愿地被压在信息的五指山下,在错综复杂的世界里迷失自我呢?

就像秃鹫需要凭借自身足够的重量来保持方向一样，处在光怪陆离的信息时代的我们若缺少了心灵的重量，只会沦落成随风飘扬的纸屑，身不由己。而增加这种厚度和质量的最有效的方式便是深阅读。所谓站得高看得远，书籍这座人类进步的阶梯，能够带领着我们用更高更开阔的视野打量这个复杂的世界，引领着我们做出自由且明智的选择，找寻到自己的方向。自由需要理性去维护，需要思辨的力量，需要自我意识的觉醒，而这些人们恰恰可以从经典中汲取并且将之内化。有人说"不会阅读的一代是无知的一代。"或许比无知更可怕的是这是一个"不自由的一代"，而套在身上的枷锁也只能靠我们自己砸开。

　　同样，在这个事事讲求高效的年代，拥有目标意识是保持自身方向感的必要条件。它让个体在身处信息爆炸这一大环境时能清楚地明白自己的需求，从而在一堆食之无味弃之可惜的事物中快速地寻找到有价值的信息。它就像是远行者的指南针，航海家的灯塔，即使路边风景迷人，人们也不会因此忘记此行的目的，和初衷渐行渐远。

　　网络信息的世界上没有绝对的自由，没有尺度的自由只会催生邪恶的花蕾，没有约束的自由只会丧失最终的自由，唯有在自由中不忘初心，才能在自由中寻找到方向。

宅

陈家辉

"宅"和孤僻绝不是一回事。在通信技术日益发达的今天，窝在床上便能联系相隔万里的朋友。有些酷炫的"宅人"拥有丰富的知识，居室给他们提供场所，加上拥有充足的时间，他们会创造出许多稀奇而又实用的小小发明。作为一个"动漫宅"，我热衷于收集各种玩偶，其乐无穷。其他还有"吃货宅"、"追剧宅"……总之，小小的三平居室，因为"宅"而变得丰富多彩。

"侘"字，在日本有"侘茶"一词，是指精神本位之茶，以尊重人的内心为宗旨。茶室中的规则严苛烦琐，从而演绎出茶道的艺术。在小小的茶室中，主人要用手指把榻榻米上的丝线杂物一根根拾起，墙上的挂画要符合饮茶的主题，主客之间要尽力用心关照……一杯香茗足够侘茶人享用一天，因为这样才能让身心完全宁静而不去做茶以外的念想，所以说侘茶大师凭借惊人的耐力与恒心创造出的是"宅"的艺术。

再说世界上任何一项发明创造、研究成果，都是离不开"宅"的。歌德的《浮士德》、马克思的《资本论》、曹雪芹的《红楼梦》都是"宅"了很久的，众人皆知的爱迪生的灯丝、诺贝尔的炸药、居里夫妇的镭……也概莫如此。

既然"宅"中自有天地，"宅"有艺术，"宅"有价值，那么是否意味着人就可以这么"宅"下去呢？古人云：一张一弛，文武之道也。就是那些茶道大师，那些科学家、文学家也绝不是数年如一日整天就那么"宅"着的。

　　小小的居室就如同一个子宫，从社会的庞大母体中吸取营养。在现代生活中，发达的科技使人们足不出户便可获取正常的生活资源，轻动手指，补给便通过物流的血液传入子宫。但若"宅人"懒惰成性，无所事事，便会成为社会的毒瘤，最终可能要危及母体。再者，若子宫中的婴儿长久难以接触外面的空气，便会使心理功能退化，心生隔阂，变得冷漠。所以说，即使"宅"得很有学问，也应该保持与外界的适当接触，这样才能使人的基本交际功能不至于衰退。

　　总之，我理解的"宅"，其本质是自由、恬静的，是拥有完整独立的内心世界的人投入到其喜爱的活动中去的一种方式，所以它仍是一种热爱生活的、积极的人生态度。

时代的尖顶

张零一

列夫·托尔斯泰曾说，我们到一个陌生的城市，第一眼看到的总是那些尖顶的建筑，日后想起这座城市，恐怕也只记得起这几座尖顶。

城市需要尖顶，来给人留下深刻的印象；时代也需要尖顶，让一代人的精神得到凝练与升华。

而人们敢于特立独行，为自己发声的勇气便是这种尖顶。

有人说这是最具包容的时代，然而包容却没有催生更多的尖顶。不可否认的是，这个时代喧嚣热闹，我们反而更加平淡无奇了。反观王小波生活的20世纪，与"包容"二字毫不相及长达三十年的反智时代，却出现了无数背叛群体以坚守真理的先驱者。面对蒙昧主义巨大的牢笼与大批道德民兵的围剿，王小波们绝不动摇半分，以理性的立场反抗着来自多数人的压力，为黑暗的时代注入一剂清新的解毒剂。

时间是长的，历史是平的，精神却是尖的。

在小说《1984》中，在被虚构出的1984年的大洋国，说出"二加二等于四"竟成为一种禁忌的自由，人们可用的词汇不断减少，因为"时代"不需要这些。体制下的背叛者温斯顿与朱丽叶最后难逃形同陌路的结局，比起终日提心吊胆的背叛路途，在归附群体的过程中得到的安全感让人无法拒绝。

然而，这种以抛弃是非为代价的归属感却无疑是时代毁灭的温床。长此以往，人们一定会幡然发觉这种安全感正不断将时代挫钝磨平，直至成为时间长河中平庸的一段，埋没在其他优秀人才辈出的尖顶下，遭人遗忘。

倘若没有陈寅恪先生"秉独立之精神，持自由之思想"的箴言引领，民国必将泯然无闻，时代除去动荡的战火，丧失特征；如果不是欧仁·布丹与莫奈的率先背叛，画史上的十九世纪便只有陈腐的洛可可画派，而少了印象派的光影描摹；日本的2013年失去以大江健三郎《晚年样式集》为代表的震灾文学作品，必将沦为仅仅充斥着天灾人祸的一年，难觅超越派们与残酷社会现实反抗的脚步。

"个人是可以被信赖的"，亚里士多德这样说。无论时代包容与否，我们都可以用自己独立的人格代表时代。

不必考虑别人希望我们成为什么样子，而应成为我们本身，为自己的头脑立成一座时代的尖顶。

巷口与街角

陈丽霞

很多次在梦里回到那个破旧的巷口，走进去，穿过右边第三个矮门，便是温暖的家。而醒来，眼前只有雪白的天花板，和防盗窗冰冷的面孔。

巷口，已是小时候的光景了。那里总有成群的伙伴。平坦的泥地上，是我们用树枝画的格子。剪刀石头布的童稚穿到巷子那头，飘到暖暖的日头里。炊烟旋转着上升，变成兔子的形状，又变成蛇的形状，供我们嬉笑。玩累了，一抹手，回到家便迎上热气腾腾的饭菜，有自家地里的白菜，有隔壁邻居摘的马兰头，不丰盛，却很热，很香。

那时候，从不担心父母不在家，走进巷子里任意的矮门，都会有热热的饭菜。夜晚暗暗的灯光里，是家暖暖的香。

后来巷口的泥路被水泥密封，高楼用它熠熠的光彩赶走了矮房。记得搬进新家的那一天，我欣喜地跑内跑外，沉重的防盗门被我视为新鲜的玩具，却没有发现消失的伙伴，也没有看见炊烟黯然离去时落下的泪。

我渐渐开始习惯每天回家面对空荡的房子，连呼吸都能听到回声。父母每天都忙，为了他们的事业。在这个冰冷沉重的铁门背后，不会有邻居招呼我去他们家吃饭。向对面看去，只有冷冷的防盗窗和玻璃门生硬的面孔。我曾试着和偶遇的阿姨打招呼，可她高跟鞋急促地敲击着水泥路面，将我喉咙中细小的声音淹没。

　　玻璃茶几上是母亲的便条，告诉我冰箱里有速冻的饺子。而我站在偌大的房子里，什么也不想碰，那些冰冷的器物，我不想触摸。

　　从窗口可以看到忙碌的街角，被防盗窗的钢筋分隔成各自的小块，过着各自的生活。霓虹灯闪烁着自己的灯红酒绿，在寒夜里发出惨淡的光。

　　有时候会怀念儿时的时光，想念掉漆木桌上热气腾腾的饭菜，想念妈妈给我焐热的被窝。也会想象某一天早晨醒来，一切都变成原来的样子，防盗门冰冷的面容变成了木门憨厚的笑脸，街角的霓虹被伙伴们剪刀石头布的快乐取代。

　　而手触摸到的，依旧是冰冷的门把手。我突然清醒地明白，一切都回不去了，只能在梦中与老屋中飘出的热气再相遇。

别把常识不当干粮

王子舍

如果你随便找一个中学生,问他什么是对数,什么是洛仑兹定理,什么是原子核式结构,他一定可以把这些东西讲得头头是道,让你惊叹当今青少年个个都是科学家的样。

但是,你找个尖子生,问他在野外被蛇咬了怎么办,他也许会挠挠脑袋瓜,然后迷茫地对你说声"不知道"。那么,"青菜多少钱一斤?""不知道!""被子怎么叠?""不知道!""为什么啥都不知道?""也不知道!"

这就是中国教育的一个现状:对科学知识抓得狠,也把各类奥赛搞得红红火火,抓常识教育的力度却很不够。学校的课程包罗万象,可是独缺"常识",学生们因此被搁在高高在上的"象牙之塔",只搞着高端学问。是呀,当今中国要强国,靠的是飞机、大炮、火箭这些高科技,似乎就应该给学生"喂饱"科技知识。"常识那些小事儿,何足挂齿,成大事不拘小节嘛。"每当看到这些言论,我真想拍案而起,高呼一句:"此言谬矣,别拿常识不当干粮!"

常识是一门指导我们生活得更好的艺术。衣、食、住、行等日常行为,无一不需要常识的引导。我们现在洗衣、煮饭等家务可以由父母包办,各种事宜可以由父母操劳,俨然一个个不问政事的小皇帝。但父母不可能照料我们一辈子,长大后还是要靠自理。倘若不懂常识,将来岂不是要处处碰壁？难道还事事都打个电话问父母？而连自己都照料不好，生活一塌糊涂，又怎有心思搞学问？

常识也是科技发展的基础。科学并不是"空中楼阁"，而是产生于人们对身边事物的实践与探索。牛顿从苹果落地的常识中总结出万有引力定律；鲁班从叶子割伤手的常识中发明了锯子……离开常识而空谈高科技，就像盖楼房不起地基，是靠不住的。

由此观之，在素质教育中增加常识的普及，是很有意义的。应做到常识与科技知识两手抓，但同时，我们还要培养学生的创新意识以及独立思考能力，使他们能在平凡的常识中总结出科学规律；或者让他们大胆质疑常识，不要囿于常识。当年，伟大的物理学家伽利略，正是在对常识的质疑中提出了新的思想。历史也证明了他这一大胆质疑是正确的。

常识是人们生存的基础，是科技发展的基础，其对于人的意义堪比干粮。别拿常识不当干粮，用它来"填饱"学生的脑袋，用它来支起科学大厦的腰腹吧。

向不合理的规则说"不"

万 爽

今年3月,在国人的一片反对声中,佳士得拍卖行将从圆明园盗取的兔首、鼠首铜像进行拍卖。华人蔡铭超高价拍下这两件文物,但事后拒绝付款,造成流拍,引起舆论的一片哗然。有人称他为民族英雄,有人认为他恶意破坏规则,而我认为,他只是作为一名中国人,向不合理的规则说了一声震惊全球的"不"。

众所周知,兔首、鼠首以及早先的其他生肖铜像,均是英法联军洗劫圆明园时非法所得。如今,这昔日的强盗不仅没有原物璧还,还不顾中国人强烈反对而进行拍卖。这何异于公然销赃?蔡铭超作为一个黑头发黄皮肤的中国人,高价拍下这两件文物是出于对祖国的热忱,不愿祖国的瑰宝流入他人之手;而事后拒绝付款,则是对不合理的拍卖规则的抗议。试想,你会甘愿花重金从强盗手中赎回自家的宝贝吗?于个人,这令人义愤填膺;于国家,这辱国辱民族。倘若蔡铭超真的按照所谓的规则向佳士得拍卖行支付相应的款项,那在别人眼中中国人岂不成了被打了左脸还把右脸凑上前去的任人欺凌的懦夫?所以,在蔡铭超看似无理的行为背后,其实蕴含着成熟的思考与对不合理规则的奋力抗议。

中国自古便有"没有规矩,不成方圆"的训条,延续数千年的封建王朝更是以此礼数、规则作为约束人的条款,然而并不是所有的规则都应不分青红皂白去遵守；否则，人就成了规则的奴隶。古有爱国志士为抗争丧权辱国的二十一条殒身不恤，今天有蔡铭超高价拍得铜像后拒绝付款，这些行为，究其实质都是对不合理的规则说"不"的，都是对公平公正、合理合法的人类社会基本公理的呼唤。看似无理的闹剧破坏的是某些人心中所谓的规则，目的是建立起真正符合真理的规则，如果说蔡铭超此举是向佳士得拍卖行及其无理规则的示威，那么我呼唤更多个蔡铭超照亮那些被不合理规则笼罩的黑暗的角落！

古往今来，任何一次对不合理规则的抗争都不是一时的冲动与头脑发热，那些看似肆意妄为的不羁背后都有理性的思考。

李白咏叹"安能摧眉折腰事权贵，使我不得开心颜"，向浑浊的官场说"不"；苏轼泛舟赤壁，竹杖芒鞋，硬是以洒脱不羁向坎坷的仕途说"不"；沉郁的杜子美以"三吏三别"辛辣地对猛于虎的苛政说"不"。蔡铭超秉承这些力争、这些不羁、这种精神与豪情，向不合理的规则玩世不恭地大喊一声"不"！

不全是伟大的民族气节，也无关恶意炒作，蔡铭超只是向不合理的规则说了一声"不"，对真理与公平深情地呼唤！

辨明真伪·理性转发

陈琳怡

随着互联网时代的不断进步与发展，刷微博、朋友圈在人们的生活中日益流行起来。但当海量的信息真假参半地向我们涌来时，人们常常不明真相便盲目转发，这种现象不禁令人担忧。

有的人认为，很多人都是在不知情的情况下转发广告，或是迫于情面，因此情有可原。但这听起来却像是对这种盲目转发行为苍白而无力的辩解，且不论说这话的人自己是否也曾"情有可原"地转发过虚假广告，若是按照他们的逻辑，许多罪犯在走上违法犯罪的道路时也是受人诱导，情非得已，那么即便是他们犯下了杀人放火的罪行，也能够不负责任就得到他人的原谅吗？显然，如果我们没有意识到问题的错误而一味地寻求借口，是永远无法真正解决问题的。

无论是在现实生活还是网络世界中，都应保持一种良好的秩序。所谓"没有规矩不成方圆"，若是继续放任许多网民"任性"地转发广告，那么许多不法分子将会无比猖獗，肆无忌惮，虚拟世界中的不良信息将会像滚雪球一样越滚越大，最终指数爆炸。

我认为，对于在微博、朋友圈任性转发广告的行为，应该受到相应的处罚。之所以现在网络世界里充斥着大量的虚假不良信息，很大的原因是网络世界缺乏管理。一片农田倘若任由杂草生长，最终的结果便是颗粒无收。为了营造一个绿色健康的安全网络环境，网络管理应完善其体制，制定相关的法律条约，以此来约束网民的行为。那些不辨真相任性转发、传播虚假信息的网民，应视其情节的严重性给予一定的教育与处罚。而对于那些发布虚假信息的人，我们更应加大打击力度，不能让一颗老鼠屎坏了一整锅粥。

但这些措施往往都只能治标而不治本，更为重要的应是加强对网民的宣传与教育。近几年来由于互联网的飞速发展，网民的数量急剧上升，其素质却是参差不齐。我们有责任加强对于虚假信息辨认的宣传，呼吁网民在浏览信息时认真筛选，时刻保持一个理性的头脑，做到三思而行，理性转发。只有广大网民保持理智，才不会让不法分子有机可乘，有空可钻。

信息潮流，浩浩荡荡，每一个网民都应肩负起营造绿色互联网的使命，做到辨明真伪，理性转发，保持清醒，真正让互联网为我所用。

为值为之事，育可育之人

柳明洋

硕士新生郝同学对多位史学教授出言不逊，他的导师孙教授教导他为人要谦虚，郝同学却再次发表类似言论，孙教授一怒之下与他断绝师生关系，引发争论。

若从校规层面来评判此事，孙教授此举也许并不合理，但从育人层面来说，孙教授的最初提醒就是"育人"，而学生执迷不悟，孙教授与之断绝师生关系并无不妥之处！

泱泱中华五千年，浩浩神州九万里。孔子也主张"因材施教"，可施教的对象必须听从老师的教诲，这个过程才能进行下去，否则就是对牛弹琴了。郝同学刚刚成为硕士，心高气傲可以理解，俗话说："初生牛犊不怕虎。"所以孙教授看到他的言论后，秉持教师的职责，给他讲为人处世的道理，可没过几天郝同学仍出言不逊，连我们这些旁观者都会感到愤怒，更何况教导他的孙教授呢？

古有"程门立雪"的故事，表现的就是拜师的诚意。只有放下内心的傲气，勇于面对自己的不足，才能真止得到老师的认可。况且，在"育人"过程中起关键作用的是教师，而不是学生。教师只会悉心教导值得教的学生，而屡教不改的学生，也可以让他卷铺盖走人。教书育人是神圣的职业，育人便只育可育之人。

从另一个角度来说，郝同学即使身为硕士，但在知名教授面前只是一个无名小辈,这种污言秽语只能表现出他对导师的不尊重。既想学到真本事,又非要骑在人家头上显得高大上,哪有这种事情?你不认可我,我没有理由去认可你,只有相互认同、相互尊敬,才能维持住师生关系。这样来说,孙教授不愿与其保持师生关系,更显得合理。

费孝通说:"各美其美,美人之美,美美与共,天下大同。"只有学生从心底里尊重教师,教师才会教导学生更多。既然自己决定拜人为师,就要虚心听从教导,万不可狂妄自大,屡教不改,不要成为第二个郝同学。

"教书育人"是神圣的,是值得尊敬的,但我们没有必要为了这个词而教书育人,我们要为愿意虚心学习的学生而教书育人,这样的人才值得我们去付出心血。

正是——为值为之事,育可育之人!

我们不知道的幸福

　　我一直觉得幸福就在人们流动的感情里，在过去的岁月里。幸福和云雀一样质朴，哪怕是纷乱的时代，阴霾沉沉的天空下面，也总是有人在证明着幸福的存在。把坚定的信念融入感情中，他们成功了。无论在怎样的社会，富裕或者贫穷，开明或者野蛮，安宁或者动荡，至少，人们有爱与被爱这小小的权利。

深 阅 读

涂 园

在如今什么都快字当头的时代里,你能在字里行间字斟句酌地静心阅读吗?

据说,犹太人都很爱读书。在孩子出生后不久,父母就把蜂蜜洒在《圣经》上,让他们去舔,让孩子从小就感到书是甜的。

如果选择一个词来代替阅读,我只会用一个平淡的动词:呼吸。

写下"呼吸"一词,我不由得吸了一口气。呼吸,这是个单调却神圣的字眼,不仅仅是氧气摄入那么简单,它还包括心灵与精神中吸入的过程。

就像鱼在水里呼吸需要洁净的水源一样,我们在哪里呼吸?我们需要呼吸什么?现在尘世里忙忙碌碌的人,他们在呼吸什么?如今,有人热衷在名与利的缝隙中艰难呼吸,有人消极地在玩乐里酣然迷醉,有人被动地在快节奏的重压下残喘,一派尘世的沙尘暴,造成心灵的雾霾。

我只愿静静地翻开一本泛黄的书,呼吸在那字里行间。

很多人记忆中的童年,印象最深刻的便是那一个个面目模糊的铅字,在我们需要它们的任何时刻,它们便会奏起盛大的圆舞曲,在每个人心上翩跹成难以忘却的篇章。大抵是那时它们便栖居下来,直至多年后,我们才愕然发觉,阅读,是一种生活状态。

日光和煦的午后，应当读海子的诗，带着太阳的温度朗声道"面朝大海，春暖花开"；微雨料峭的静夜，可以抄起一本宋词，听雨声淅沥，梦江南丝竹，美人吟唱"红了樱桃，绿了芭蕉"；密云荫翳的清晨，则应与卡夫卡一起徘徊于颠倒的世界，"你为了这个世界，可笑地为自己套上了挽具"……

帕斯卡尔曾说："人不过是一株芦苇，是自然界最脆弱的存在，却因为思想而高贵。"阅读是令思想高贵的捷径，思想是证明一个人存在意义的最高体现。在阅读的世界里，没有种种既定的羁绊，有的只是灵魂最大的自由与思想的凝练。

颜渊"一箪食，一瓢饮，在陋巷，人不堪其忧，回也不改其乐"，算是书中呼吸的高境界。孔子韦编三绝，匡衡凿壁偷光，关羽月下读《春秋》，朱买臣市井樵读，多么叫人神往！为什么物质日益丰富的我们，却渐行渐失了古人的阅读？太多的人为了物欲而疲于奔命，步入社会后，很难静下心来翻阅书页，越来越少有人去问：在世俗的喧嚣里，我们是否需要构建一个精神的家园？如果生命只是一株芦苇般脆弱，那么思想的纤维是否能令它更强韧些？

随着时代的变化，孩子们沉溺网络胜于阅读，成年人的阅读也日趋功利。长此以往，字里行间的推敲终会变成传说，成为远逝的风景。

大漠中的以色列创造种种奇迹，全民族式的阅读是重要的推进剂。阅读，是一种更高层次的精神呼吸，阅读是人类前进最大的助力，很多东西可以消逝，它不能消逝！

若让我向着岁月许诺，我唯愿在往后的岁月里能有足够的时间，翻开一册册心爱的书，沉浸于那淡然书香，呼吸于那字里行间。

心　城

——读《边城》有感

林订含

湘西边城充满真、爱和灵魂的田园牧歌，久久回荡于我心。无疑，它已俨然成了我们的心城——崇尚静虚的生活，体悟甜酸凉薄的生命，经历朦胧美好的挚爱，回溯灵魂的故土。

"至道无难，唯嫌拣择。"道在纯粹，杂则多，多则忧，忧则乱，而城中了无。人们逢节即庆，逢难则解；日出而作，日落则归；饮酒就醉，把话近常，多是言无尽而心相连。也许，每个人心中都有这样一座城，它随心在跳动。不仅是为了维持生命，更是在怦然心动间领悟人生的真谛，是在心灵闪烁中获得无价的乐趣。

"眼内有尘三界窄，心头无事一床宽。"外面的喧闹，纷扰的世界，其实有许多我们并不真正需要的东西，大可视之为"尘垢"，而致虚笃静、崇简尚朴之定力，则需我们持之以恒地修养，去涂构坚固的心城。

于道，诚多在于坚守；于生命，莫过于无常。生命无常，却也有它的美丽。想一想，为什么人们喜欢真花，不爱塑胶花？因为真花有生命会萎落，令人动容而亲切。这就是生命，会活动，一活动就有流转，有生灭，有荣枯，有盛衰。我们惜别，但，不能不别。

是谁说过，不哭过长夜，不能悟人生。淳朴、平淡如水的生命自有芬芳，面对尘世间铺天盖地的灰土，面对无处不在的窒息感，只有不再被小心翼翼保护着的我，和那个女孩一样，面对着，生命。

也许，"有爱慰藉的人，无惧于任何事物，包括生命。"法国彭沙尔这样的一句话，就遵循了这座城给我们定下的规则。所以并不是单纯地用年限与岁月来衡量爱与被爱。在青春的年华中，来演绎爱的懵懂——城中正值豆蔻年华的翠翠情窦初开，因为压抑而冲动，因为快乐而战栗；在担忧中触摸至乐，这是青春期的蔓延与收获。这种心虚似竹子拔节的喜悦让位于蛹虫化蝶的束缚，似花儿绽放的欢愉让位于潜水白鸭的信服，似渡船游荡的安和让位于河畔大鱼的捉弄。终了。两厢等待，两相情爱。

"一个男人要么战死，要么回到故乡。"从文先生的墨意像是对着傩送，亦像是向着光怪陆离的未来。日月流逝，离合变迁，爱恨情愁，悲喜交融，都无法抉择；而那个不争凡尘冷暖朝夕的故乡又岂是一个地址和空间？它有模糊神界的容颜，有记忆的能量，有年轮和灵魂的归处；它只需要感觉的凭证，岁月的依据，细节的支撑——哪怕蛛丝马迹，哪怕一井，一石，一江，一村……都可以用来回溯灵魂的故土。

然而，我们却头也不回地疾行，却忘了为何而出发。

如果说，在这个世界上，每个人都只能指认和珍藏一个故乡，那么面对千篇一律、形同神似的一千个城市的我们，还有享受故乡的权利吗？

我们的心城又将归于何处？

淡雅从容处世间，自铸清奇瑰丽文

——读梁实秋《雅舍》

许慕其

读梁实秋的《雅舍》，内心泛起些许波澜。

《雅舍》篇幅不长，辞藻无华，字里行间，只描写雅舍的简陋，看似厌之，实则品味其简朴与利落。有时令人捧腹而笑，有时使人失声而呼。我自以为读过不少好的文章，如茅盾的《白杨礼赞》，季羡林的《赋得永久的悔》等等，无一不是学贯中西、博古通今的文学巨人题就的千古美文。但《雅舍》有别于任何一篇我所读过的散文。

作为梁实秋散文全集的开篇之作，《雅舍》用它欢快幽默的语言塑造出一个文静又不失生活气息的梁实秋。首段先写雅舍的建筑方式，以明快的方式将雅舍的简陋与破败呈现在读者面前；然而作者又以独特的方式表明自己对这陋居的感情，不禁令人感到作者之可爱。次段写雅舍所在位置及地形，"位置在半山腰"，文中的描写让人觉得生活艰苦，然而作者却谓"亦不觉有大不便处"，可略见其洒脱。第三段叙述各种生活中常见的困难，诸如虫鼠之害、大雨倾盆的场景如在目前，以调侃语气表述出来，令读者顿生钦佩；屋中简陋的陈设与作者别出心裁的布置相对比则使人惊叹。最后言其以雅舍为家，留给读者无尽的回味。

在我看来，散文有三种。第一是以某事物为意象，引出要褒贬的本体，如前文所说的《白杨礼赞》；第二是需要结合时代背景来理解的文章，如巴金的《海上的日出》，朱自清的《荷塘月色》；第三种散文不带任何对外物的感情，只探寻自己的内心。第三种散文是最纯粹的散文。王国维语"词人，不失其赤子之心也"，此言放之散文家亦然。《雅舍》便是这样一篇未失赤子之心的文章，梁实秋便是这样一位未失其赤子之心的作家。

  梁实秋的文章恰似黄昏时分二三好友在灯下的闲谈，淡淡的氛围中，不知不觉给人以美的熏陶。并不谈大道理，但平实的语言后面，包含着许多生活的体悟，这是需要我们读者细细品味的内涵。《雅舍》虽然通篇描写作者在雅舍中生活的窘境，但那淡然的语言、从容的态度使人不禁将梁实秋视为陶渊明那样出世的隐者，"我有一几一椅一榻，酣睡写读，均已有着，我亦不复他求"，多么恬淡的话语，多么高雅的境界，自然而然，读者就接受了作者的人生观和处世态度。比起无病呻吟的散文，《雅舍》实在要高明太多了。

  愿我们的人生，似实秋般，学取那渊明醉。

花 与 果

韩 枫

千年前花儿的轻呼

透过无梦无醒的云雾

来丰盈我——一颗果实

丰盈我干涸的心灵

丰盈我美丽的追求

不知过了多久。大概，百年；抑或，千载。

春风开始吹过的时候，在悬崖上的某个角落里，竟绽放着一朵美丽的花儿，和煦的春风中摇曳着婀娜的身姿，与风齐飞，姿态迷人。

没有风儿陪伴的时候，她总是一个人呆望着脚下的泥土，因为她知道，那是自己梦开始的地方，目光也因此灼灼起来，温柔地充满期待，像等待远方谁的到来。

花儿曾清楚地记得，在自己的脚下，埋藏着祖先传承下来的梦想和使命。那是一个神秘而漫长的过程，需要自己散落在脚下的泥土中，滋润着新的季节，等待着果实的成长。

"那时花开，你的梦想终将会实现。"这让她对自己的崇高使命深信不疑。

花儿开始努力地向下伸展自己瘦弱的身躯。她不再躲避残酷的风雨侵袭，原本纤细如丝的娇躯，虽然已是遍体鳞伤，但她明白，所有的放开双手努力成长只为了实现自己的使命和梦想。

　　但她无比疲惫,一天又一天,她终于有些茫然。她再次呆望着脚下的泥土,却于一刹那间听到了来自自己内心深处的某种回应,她惊喜地知道,这是梦想实现的前兆,她忍住惊喜,轻轻地问道:"你是我生命里的果儿吗?"风里断断续续地传来了友好的声音:"花儿,你真勇敢,谢谢你的坚守,让一颗千年的果儿梦想实现!"从此,在风儿中,花儿给果儿讲述春天盛开着的花花草草,讲述蜂蝶戏舞;果儿也为花儿诉说着曾经梦想中秋天的果实累累。他们醉了,他们有共同的使命,共同的明天,他们幸福地向往着,能与彼此共舞,相约此生。

　　许久许久以后,当花儿与果儿终于相见的时候,也是秋风渐浓的时候。果儿开始欣慰着这场缘分的邂逅,而花儿却开始渐渐地枯黄,然后就一片接着一片飘落下来,落在了果儿的脚下,瓣瓣花舞舞不尽重重辛酸,那些相守的美丽日子,那些奋斗的忠诚见证,如今已是那么苍白无力了。果儿有些无助地哭了,花儿却仍是一脸平和:"你不用悲伤,这是我使命的终结,但不会是生命的终结,我还会一直陪伴在你身边,期待着与你的下一个轮回……"

　　有缘,有爱,有无私,下个轮回一定可以再次相约相守。

　　"我一直都知道,山是水的故事,风是云的故事,但直到现在才知道,花却不是果的故事。"因为他们之间无私奉献的爱,注定他们,只能错过。但我又终于明白,在这样的错过中,他们相约永恒。

　　憔悴的花儿在深秋最后一幕萧瑟中,静静地飘落着。那苍白无力的影,一片又一片,覆盖着整个岁月,像是秋风里,一首无私的歌,响起,忽浓忽淡:

　　　　如果我走了
　　　　请不要悲伤
　　　　你我相约下一个轮回里
　　　　共同唱响
　　　　奉献的歌

读 你

黄 洁

过去的十多年，我每天，都在读你。

你生命的大书里，没有雄浑的篇章，却有精彩的语段；没有华丽的文字，却有动人的词句；没有激越的感情，却有一颗细致的心。

我愿意，读你千遍；我愿意，读你一生。

读你，我读懂了坚强。

如落叶般飘逝的岁月里，你无奈地带着我，一次次地，从一个家庭搬进另一个家庭，面对亲人的决裂，世人的嘲讽，你以弱小的身躯为我撑起一方天空。每每抬头看你，你总是沉默地谱写生命，尚不解事的我，好奇地阅读你心灵的日记，不如人意的际遇充斥在你生命的章节里，然而我没有发现眼泪和叹息，却在字里行间读懂了坚强，它正是你顶住天地的那一份毅力，这份无言的坚强震撼着我的心，教我勇敢面对往后的风雨，我反复读你，读你坚强的双鬓。

读你，我读出了乐观。

生活的乌云经久不散，拮据的日子我和你相依，你每天拖着疲劳的身子工作至深夜，笑容却依旧灿烂，似乎没有感受到生活的压力，我仔细揣摩你生命之书的一词一句，发现淡淡的忧郁被清晰的乐观彻底冲洗。在你整个人生著作里，始终充满着笑意，平凡的情节里，我读出了乐观，正是它为你的生命洒下勃勃生机，你清脆的笑声在我耳边回响，告诉我人生的路如何继续，我不分昼夜地读你，读你乐观的眼睛。

读你，我读透了善良。

若干年后，终于，那些曾伤害过你的人悔悟委屈了你，一张张曾经狰狞的脸孔恳切地请求宽恕，我依然咬牙切齿，你却以宽广无边的善良包容了一切，你的平静催促我认真地读你，原来你早已轻轻地把苦难和仇恨抹去，无痕无迹，我头一次深刻地读透了善良，正是它使一度轻蔑你的人自责不已，你柔和的善良指引着我，让我明白了如何善待世间一切的生命，我不知疲倦地读你，读你善良的背影。

你的生命大书里洋溢着对生活的热情，跳动着一颗高尚的心。

过去的日子，我每天，都在读你。

往后的岁月，我每天，都将读你。

母亲，读你，读你千遍也不厌倦；读你，读你一生也不停息。

和梦一起飞翔

刘 秩

我说，马儿驰骋莽原，是为了追赶天边的彩虹。

我说，雄鹰搏击长空，是为了实现昔日的梦想。

有梦才有翅膀，梦如一缕清泉，滋润我心田；梦如一米阳光，温暖我胸膛。

和梦想一起飞翔。因为有了梦想，才有了昔日项羽的"彼可取而代之"的豪言，才有了楚霸王的"力拔山兮气盖世"。因为有了梦想，才有"燕雀安知鸿鹄之志哉"的陈胜，才有惊天动地的大泽乡起义。

杜甫老了，可梦没有老，于是乎，就有了"安得广厦千万间"的呐喊；东坡老了，可梦没有老，所以就有了"会挽雕弓如满月"。辛弃疾老了，可梦没有老，否则，怎么会有"醉里挑灯看剑，梦回吹角连营"？曹孟德大概也老了吧，要不怎么会发出"老骥伏枥，志在千里，烈士暮年，壮心不已"的慨叹呢？人虽老，梦未老，所以才能翱翔于五千年的文化天空中，因为他们是和梦一起飞翔的。

整日怀揣宝剑，游走于市井街头的韩信，终于没有永远沉默下去，因为他有一个永远不灭的梦，所以纵然他受过胯下之辱，也掩盖不住他日后的璀璨。

十年磨一剑，纵然是身为马夫，纵然是卧薪尝胆，纵然只有三千越甲，也阻挡不了勾践前进的步伐。为什么？只因为勾践有报仇雪耻的不灭的梦想，这梦想伴他飞越十年岁月成就霸业。

是谁在歌唱，温暖我心房，是谁在舞动，闪耀着光芒，是千年石窟里的"飞天"壁画，也许是因为中华民族有着千年的飞天梦想，才有今朝神舟的飞天，今朝"嫦娥"的奔月。

有梦想，才有翅膀，今天中国借助神舟往来天地间，靠什么？靠的是几代航天人用梦想创造的翅膀。

也许明天我们还要用梦想编织出登月的翅膀，这天必将很快到来，因为几千年来，中华民族都是与梦想一起飞翔的。

无论是昔日东坡、韩信，还是今日的飞天英雄，中华民族从个人到国家，都是伴着梦想一路飞翔而来的。

这一传统，还将继续到永远，永远！

我们不知道的幸福

李祥杭

世界会好吗？他们问。忐忑的声音背后是对安宁与幸福的追求。可是没有人回答，他们茫然无措，却固执地相信幸福就在未来高度繁荣的社会里。对他们来说，幸福就是远离战祸、饥饿、压榨、不公、病痛。他们说将社会改造成这副模样是人类共同的事业。但是，谁也不确定理想社会会不会到来，或者什么时候到来。于是他们只能灰暗地走着，就像大漠中的行路者，开始没有底线的焦渴。他们的计划无懈可击，可是目标有些问题，它与幸福并没有一一对应的关系。

我一直觉得幸福就在人们流动的感情里，在过去的岁月里。幸福和云雀一样质朴，哪怕是纷乱的时代，阴霾沉沉的天空下面，也总是有人在证明着幸福的存在。把坚定的信念融入感情中，他们成功了。无论在怎样的社会，富裕或者贫穷，开明或者野蛮，安宁或者动荡，至少，人们有爱与被爱这小小的权利。

可是显然，存在幸福与感到幸福是两回事。人们都不怎么开心。富得流油的人腆着肚子百无聊赖地度日，贫穷的人弓着脊梁艰难地生活，而越是如此，他们越认同金钱与权势的好，他们离真正的幸福也就越来越远。他们忘了，他们爱与被爱的能力；他们忘了，他们不知道的幸福。在偏执的小路上走，总有一天是要回归的，可问题是，需要多久？一辈子够不够？我希望我们能在这遗弃了幸福的地点，用温暖的臂膀重新把它抱起来。有了幸福，人们就可以在人生大道上无怨无悔地走，不管前方是阳光强烈，还是水波温柔。

我不否定人们对物质生活的信赖，我也憧憬极大富裕、十分安乐的生活，而这样的生活，也在缓缓地上演着。我们关注的重心并不在此。社会是舞台，人才是主角，不论舞台多么绚丽，一台戏的好坏，仍取决于表演者。憧憬固然美好，它是虚无的东西，我们所应该做的，是紧紧抓住当下的幸福。

当人们学会了爱与被爱，学会了互相疼惜，整个世界就能以合乎常理的秩序行进。

世界会变得更好，也许不会。但好不好已不那么重要。当追风筝的人踌躇满志地往前跑，好与不好真的已不那么重要。

逃离地心引力

陶李

别指望你能像哪个魔术师一样浮在空气里，那是托儿干的事。我只不过是用文题来打个比方罢了。

我说的逃离地心引力是为了让你明白这件事，让你明白，其实引力是可以逃离的。呵呵，他们都说我有的都是变态的世界观，都是猥琐的价值取向和所谓恶俗的奉献，都是毫无理想、庸俗顽固、现实骨感的思想。我说你可以不赞同我，但你不可以随意诋毁我，这点是根本。

我是个世俗之人，我就是太在意别人怎么看我。我每天望着课桌上堆积如山的作业时，看到谁谁又辍学去打工，看到哪个省又进行教育改革。那时候，我就想着要改教育，解放劳苦的学生们。当我背后有了N个力量之后，他们发现我居然又华丽转身了，那是因为我发现我没有那个能力。然后就有人说你的世界观变了。我只不过想给国家贡献点GDP，想去北上广，想过朝九晚五的生活而已，难道这不能是一种理想？我既然冲破不了世俗，改变不了什么，我必然要华丽转身，追求我至少能触及的现实。你们就又说我俗了，说我被关进了官本位的笼子里，说我被灯红酒绿、花花世界折煞了豪情壮志和直插云霄的力量。

难道你不懂得经济基础决定上层建筑？整天泡在那些人堆里纠缠着爱恨情仇，整天无所事事等着脱离苦海，浪费国家的GDP，其实这个过程是能发生改变的。

毛主席说过一句话："我们不但要善于破坏一个旧世界，我们还将善于建设一个新世界。"就是这样，所以我也要破坏一个旧世界观，建立一个新世界观。这个新观念就与人们的价值取向有关。在中国，在社会主义建设的初级阶段，你是必须要为国家做出点儿GDP来的。我们在国人面前常常说自己发展得好，走出去了又说我们还不够好。面对自己的危机又不敢正视问题，缺乏勇气和信心去面对，就不得不以一个又一个创造的新高来掩盖事实。这就是一种胆怯的、逃避的方式。

所以当我觉得中国教育制度不够好的时候，我呼喊着要改变中国的教育制度，然后丢给我的是烂菜叶和臭鸡蛋。如此，只能证明肤浅的不是某一个人或某一种制度，而是整个社会与生产力不相搭配、协调的价值观念有问题。这也从另一个侧面看到当局者的迷，旁观者才是真明理的人，只是当旁观者成了当局者，又会照样陷进去。

我真正要说的还是我的价值观的改变源于我的存在。我不能为了保持清高的品格就不为五斗米折腰。至少，如果二者为鱼与熊掌，我当然选择鱼，因为这样降低了我的风险。所以，我的变化不能仅仅归结于我的意识或者我的思维，更重要的是我对社会的责任。

地心引力终究是逃离不了的，要么就只有安静地死去。

何处为家？

卞超

我是一只阿穆尔隼，我用尖尖的喙，啄破了眼前这一层温暖的屏障——在父母的注视下，我出生了！

透过那一层薄薄的蛋壳，我好奇地打量着眼前这片朦胧的世界——蓝天、白云、山川、森林……这些陌生的事物，一股脑地呈现在我的视野之中，虽说未曾见过，却又像是老朋友那么亲切。我为我诞生在这颗星球而感到由衷的喜悦。我不再满足于用眼睛去欣赏，我要去触摸、感受这眼前的一切。于是，在出生后短短几天时间内，我学会了许多：我感受到了饥饿，我知道了自己可以飞翔，我明白了森林是我们的家……太阳每天东升西落，见证了我——一只雏鸟的成长。

可是，一场大火毁灭了我赖以生存的一切，让我们美丽的家园瞬间成为一片废墟。原来人们在这片地底下发现了一种稀有金属，要在这里开发矿藏。人们欣喜地从地底下淘宝，却残忍地让世世代代栖息于此的鸟兽无家可归，四处流浪。

无奈之下，我只好四处寻找安身之所。飞翔的旅途中，一根电线杆成了我临时的栖息地。虽然它没有树木的生机和葱茏，却可以让鞍马劳顿的我筑巢小憩。然而仅仅三天，我便看到了四五个同类丧生在电线杆不远处一个名叫"变压器"的大家伙上，烧焦的他们坠落在地上，被众多野猫分而食之。

胆战心惊的我顾不得休息，急忙向着更远的地方飞去。我终于又看到了一种建筑，它高耸入云，顶端有个洞口，深不见底。"不管它有什么用途，至少没有变压器的凶险。"我心里在自我安慰着。三四天过去了，这幢高大的建筑里没有一点儿动静，我也稍稍地松了一口气。可是一天中午我在洞口刚睡下不久，一股呛人的气味袭来，周遭突然变得一片昏暗。我惊慌失措地扑腾着翅膀，好不容易才重见光明。可回头一看，刚安好的家已被滚滚的浓烟所吞没。

　　我无力地飞翔着，突然眼前一亮：车水马龙，高楼林立，人声鼎沸……原来这就是传说中的"城市"——人类的聚居之地。人类可以居住，我们岂不也可以寄居？之前的不快瞬间一扫而光，我找到一座高楼的顶端，想在这里重新搭起新巢。蹲在楼顶，有些心有余悸地俯瞰着街路，就在这时，我感到身体被猛然一击，飘飘悠悠坠落而下，耳边依稀传来一声枪响。

　　几天之后，我被制作成了一只标本陈列在某个博物馆中。虽已身死，可是我的精神依然附着在身体上，我多想把我的经历告诉人们。每次游客们观看结束后总在议论着我的双眼是多么的传神，却不知那是我无声的控诉！

　　——谁能告诉我，何处为家？

一头特立独行的猪

程小明

我觉得我就是一头特立独行的猪。这倒不是因为我看多了王小波,而是因为我一直就是这么觉得。首先,我得承认我的脾气的确古怪——我有时候活泼好动,可以和任何人玩得来;有时候我又会没来由地生气,的确是没来由的;有时候我甚至可以一整天不说一句话。

由此,你也许可以看出一些端倪,那就是在我的脑海中形成了许许多多个"自我",他们在我心中存在得太久了,我需要把他们释放出来,我要让不同的自己到外面的世界透一透气。也许因为我的幻想太多,我总觉得生活中的自己缺乏一种真实感。我曾经被自己的一些奇怪的念想震撼过,我甚至一度认为我不是一个普通人,至少,不是一个平凡的人。

我承认,我的特立独行来自于我对其他人的不屑。我不屑于同他们一类,只存在于我自己的理想国度,我一直幻想着自己只是暂时沦落到了这个地方,而另一个新的世界正等着我去创造奇迹。我不清楚这种感觉的发源地在哪儿,不过清楚与不清楚又有什么关系呢?我的心脏最终会化为泥土,不过这精神世界该是会得到永存的吧?我习惯于这样不断地安慰自己。

听说许多天才都自命不凡,这当然不包括那些偏执狂们,他们只是无理取闹而已。世界上应该还是有天才存在的,只不过一般的人发现不了罢了。比如说，我可以写一些天马行空的文章，大部分人是看不懂的，因为那些东西纯粹是写给自己看的——我可以特立独行到这般地步，也算是能够把王小波给发扬光大了吧。

有人说："夜色真是无比的美，月光质感般地飘来，像是守候千年的使者，只是为了这夜晚的一见。"我是不屑于这种凡尘之景的——早就被世人传颂烂了的月亮，再过一千年还是这样。既然如此，有必要去赞美它吗？当然，我只是单纯地厌弃一切物质的东西，我可以不需要任何东西，只要给我无尽的遐想就够了。我只是一头特立独行的能够思想的猪，仅此而已。

笛卡儿说："我思故我在。"我很赞同这个观点。我需要去做出自己的判断，然后默默地去认可它或否定它——这就是我阅读每一篇文章、听每一句话之后都要经历的过程。我从前的一切收获，都只是和天才们思想上的共鸣。

我是一头特立独行的猪。尽管孤独，但我愿意这样孤独地走下去。

奔跑的猎狗

纪 洲

"老啦！"猎人望着身边沉沉睡去的老猎狗，发出了一声轻叹。

猎狗真的老了，不复当年威武雄壮的模样，加之此刻又是匍匐在地上，就越发显得瘦弱不堪——那模样就像一片在寒风中瑟瑟发抖的树叶，随时可能悄然陨落。猎狗那身原本乌黑油亮的皮毛如今也渐渐地失去了光泽，就像秋天田野上失根的枯草，稍一触碰便会大把大把地脱落。更重要的是这只老迈的猎狗已经失去了作为猎狗应有的警觉，主人向它走近的时候竟然丝毫没有察觉。这样的情形让猎人心里一阵酸楚。

猎人轻抚着猎狗的脊背，那里几道长短不一的伤疤因为毛发过于稀疏而显露出来，就像是一枚枚昭示着它战功煊赫的过去的勋章。猎狗终于醒过来了，它费力地睁开了蒙眬的双眼，用一种迷茫的眼神四下张望着。过了许久，它才注意到近在咫尺的猎人，伸出了干燥的舌头轻舔着猎人的手心，以往这是最让猎人开心的时刻。面对着即将到来的死亡，它没有丝毫的意识，甚至也看不出猎人眼中的悲哀与诀别之意。橙色的夕阳透过猎人的指缝斑斑点点地洒落在它的身上，它突然觉得自己有一种飘飘欲仙的感觉——这种感觉与它年轻时奔跑的感觉很相似。于是，它蓦然有了一种奔跑的冲动。

猎人缓缓地抚弄着猎狗的额头，突然看见猎狗眼中有一道灵光闪过，回光返照似的。他的眼睛竟然恢复了清亮，它挣扎着孱弱的身体想要站起来。"都跑了一辈子了，还要再跑？"猎狗与他一起度过的一幕幕场景开始在他的眼前浮现：刚出生的猎狗跌跌撞撞地想要立起，猎狗与他一起追逐着草原上的动物，替他遮挡恶狼的攻击，猎狗日夜伴随着他在草原上居无定所地流浪……终于，猎狗颤抖着站了起来，艰难地迈开了步伐。"跑吧！"猎人站起身跟在后面呼喊着。仿佛受到了鼓舞，猎狗终于迈开了脚步，以年轻时的节奏，在旷野上飞速驰骋起来。奔跑的感觉是多么的美妙啊！猎狗心里想着，越跑越快，似乎超越了以前任何时候的速度，达到了极限……渐渐地，它的速度慢下来了，越来越慢，身体也开始僵硬，就在带着惯性的奔跑中，它的眼睛缓缓合上，不再睁开，随后缓缓倒下……

　　猎人注视着猎狗跑完了它生命的征程，似乎又回到了那遥远的过去，回到了最初他带着这只猎狗来到广袤的草原上……

　　"老伙计，一路走好。"猎人轻喃着，眼泪夺眶而出，滴落在草地上，渗入泥土，慢慢地失去了痕迹。

手心的太阳

到现在,在书柜里发现外公的工作笔记和几本中医药学书,才想起某段时间我总是"血热",这是他托人送来给我的,而我从来没打开过。还想起,分科前他打来电话问我的选择,知道我去文科后,很低沉地说:"好,好,学文也挺好"。就在那一瞬间,我仿佛看见他落寞地放下话筒的背影,明白了外公想说而又没有说出的话,因为他一辈子的中医生涯,他也许是希望我将他的热爱延续,却没有用长辈的权威给我压力——他一向是这样的。

美丽的谎言

袁 源

每个人的能力是不一样的

从幼稚园开始,手工制作的课堂就是滋生我自卑情绪的土壤。别人翻飞的指尖下,小猫小狗栩栩如生,呼之欲出,而我却躲在角落里跟制作材料打架,使出的劲儿能牵回九牛二虎,就是不能把它们摆平……无数次伤心地问妈妈为什么,妈妈的回答总让我信心倍增:"每个人的能力都是不一样的,这方面差,在另一方面总会得到补偿。大发明家爱迪生小时候的手工制作也很糟糕,甚至被称为笨孩子,可这一点儿也不影响他成为发明家。"是啊,我也有许多别人不及的优点:我会声情并茂地讲故事,还能搬很重的东西并坚持很长的时间……在妈妈的提醒下,我经常对自己有许多新的发现。

童年的时光是一列幸福快车,满载着我的欢笑,也满载着父母对我的精心呵护——他们对我爱得多么小心翼翼,好像我是一个泥娃娃,不小心就会跌破一样。

别拿自己的缺点和别人的优点比

进入初中后,苦恼多是来自那可憎的体育课。许多锻炼项目都折磨着我还不太成熟的内心,它们像班上那些喜欢嘲笑弱者的男孩,一个一个地笑着胆怯的我:"笨!笨!笨!"有一天,那个黑脸体育老师终于发怒了,因为我怎么也完成不了那个"前滚翻",他生气地喝道:"站一边看别人怎么做!"然后,在我低垂的眼帘下,同学们一个接一个地轻松翻滚,像一只只快乐的小皮球,而我……我的脸羞愧得能滴出水来!

那一天是怎么回家的已然不记得,脑海里充斥着通天的绝望和自责。一见到爸爸,立即扑进了他的怀里,抹着淌不完的泪水。爸爸的眼圈也红了,他翕动着大鼻孔向我道歉:"都是爸爸不好,是爸爸把这些缺点遗传给你了……""遗传?"我已经顾不上流泪,"爸爸,你也这样吗?""是啊,不信,你瞧……"说着爸爸就做"前滚翻"的动作,笨拙得像只老乌龟四仰八叉怎么也站不起来,我扑哧一声乐了,那么优秀的爸爸也有弱项!

第二天是妈妈陪我去的学校,她说要找教体育的马老师谈谈。

我害怕妈妈会责怪马老师:"妈妈,不怪老师着急的,我太笨了。"妈妈笑了:"我不是去责难老师的。我只想去告诉他,你某些动作比别的孩子稍差一点儿,你会慢慢赶上别人的,让他别着急。另外,你并不笨,不是说过吗,人总有优点和缺点,而你恰恰在拿自己的缺点和别人的优点比,当然会痛哭流涕了。"妈妈的一番话说得我不好意思起来。

从此,体育课上碰到我做不好的动作,马老师再也不强求了,这让我又恢复了从前的快乐。

袁源是脑瘫

如果不是那次我突兀地闯进老师的办公室，也许我的生活会一直平静如水。

那天，我送迟交的作业本到办公室，走到门外，听见马老师提到了我的名字"袁源啊，你不知道吗？她小时候被诊断为脑瘫！""脑瘫不是一种很严重的智力疾病吗？我看她的智力还可以……"是语文老师的声音。"她是轻微的，主要表现为动作方面的缺陷，我原来不知道，是听她妈妈讲的……"

一下子，眼前的一切全模糊了，林立的教学楼、精致的石雕，以及老师刀子一样咯吱吱的声音，它们缥缈得像烟雾若有若无，可是内心的剧痛却提醒着我一切真实地存在！艰难地隐进那片小树林，我终于"哇"地哭出声来……

袁源——脑瘫！怎么也想不到这两个词发生着致命的关联，难怪家里有那么多关于脑瘫的书！描绘在书里的是一些什么样的人啊，残疾、弱智甚至痴呆！幼稚的我还经常把它们拿出来翻翻，满足着一种事不关己的好奇，而现在才知道，里面写得满满的、画得重重叠叠的——全是我！而我活在父母的谎言中，依然兴高采烈……难怪我总是比别人笨拙，难怪体育老师不再强求我完成动作，原来他们早就知道我是个低能儿！

一股蓄积已久的力量促使我狂奔起来。泪水纷飞中，我居然闯过了一路的红灯绿灯人流车流。我要远离学校，远离人群，远离这个嘲弄我的世界，我要钻进自己的房间，永远也不出来，永远！

要忽略自己的缺点

紧闭的房门拦截着外面惶惑的父母。我倔强地躺在床上，听任他们千呼万唤。最后爸爸撞开了房门，他恼怒地拉起床上的我："听着，源源，无论发生什么事，你也不要把父母拒之门外！""我是脑瘫患者，我做出什么事，你们也不要奇怪！"眼泪又一次像断了线的珠子，一颗接一颗地滚落。妈妈一把搂过我，惊恐万状："源源，你是听谁说的？""你们骗了我十五年，你们还想骗我多长时间？原来我是弱智，怪不得体育课对我那么艰难……"伤心、绝望，像波涛一样在内心翻滚，尔后"哗"地顶开了闸门，我伏在妈妈的怀里哭得天昏地暗："妈妈，为什么会这样？为什么？为什么？！"妈妈抱着颤抖的我哽咽着无言以对。

痛哭之后，我终于疲倦地睡着了。

睁开眼的时候，已经是一个清新明媚的早晨，妈妈坐在我的床边，爸爸在房间里踱着步……他们守了我一夜。

看到我醒来，妈妈扶起了我："源源，我们要振作起来，不能被自己打倒。孩子，去洗脸刷牙吧，把你的漂亮脸蛋收拾干净！"我一向是听话的孩子，于是顺从地走进洗漱间。收拾完毕，爸爸握住我的手："源源，你长大了，许多事应该告诉你了。"我看看妈妈，她也是一脸的庄重，"你是脑瘫。从小爸妈就带你四处求医，才解决了你走路的难题，但精细动作总不尽如人意，但我和你妈妈都很满足了，因为和严重的患儿相比我们是多么幸运。为了保护你的自尊，为了不让你成为别人嘲笑的话题，我们一直保守着这个秘密……这样做是不想让病魔在你心里留下任何阴影。你的确如我们所期盼的那样，活得很快乐……"

爸爸走到窗边深吸了一口气，然后猛地回过头来，像下了一个很大的决心："爸爸还要告诉你一个秘密，爸爸也是脑瘫！"他盯住我无比惊讶的眼睛，"也许你认为怎么这么凑巧？对，上天就安排得这么巧。爸爸之所以告诉你这个秘密，是想向你证明，脑瘫患者也可以活得很精彩。"是的，爸爸活得很精彩，在商场上叱咤风云，对一千多名员工指挥若定。可我对他的说法很怀疑，也许这只不过是美丽的谎言，只是为了找回我的自信？妈妈看到了我眼里的疑惑："细细看，你就会发现，爸爸走路脚是踮着的，为此他曾经很苦恼。""是的，我曾经很绝望，像你现在一样。后来我发现，当我忽略了自己的缺点，别人也就不会在意！"细看下来，爸爸确实踮着脚走路。乡下的奶奶也打来电话，说爸爸那时的症状比我严重得多……

像行走在小说里，一切都是那么曲折离奇，我不得不静下心来整理自己纷乱的思绪。那天我得出这样的结论：扬长避短，我也会像爸爸那样成功；在奋斗面前，脑瘫也不过是只纸老虎！

经过这场风波洗礼，我一下子成熟了许多。生活的道路上我重拾起自信，艰难前行，然后摘取了一串串硕果：无论哪门功课，都是考全年级第一；各种各样的竞赛，也是拿第一；此外，还拿到了不少论文获奖证书；我的演讲总会引起小小的轰动……在父母的支持下，我的人生不很顺利却越来越精彩。

谎言造就了我的自信

上高中了，所在学校离姑妈家最近，所以那里就成了我改善伙食的去处。一次无事和姑妈闲聊，我谈到爸爸的脑瘫，她笑了起来："你爸？什么病也没有，小时候可顽皮了！""那为什么爸爸走路总有点儿踮脚，那可是脑瘫的症状。""他踮脚吗？不可能！不过他学踮脚尖走路倒学得蛮像的，他那个模样最笑人了！"姑妈沉浸在对往事的回忆里，而我却怔在姑妈的笑容中……

我终于体会到父母的良苦用心，他们用谎言的剪刀一次次地修剪掉我生命树上自卑的枝条，所以我的自信才得以在阳光下恣意伸展。我要立刻发伊妹儿给父亲，告诉他，在下次见到我的时候不必再踮着脚走路了……

润物细无声

陈泽秋

有两类雨。

"夜来风雨声,花落知多少"暴露了一片红凋绿伤的破坏现场,吵声使人无眠,仿佛是一次惊悸而痉挛的罪与罚。

另有其一,看似平凡的关爱默默体现于生活中的细节之上,让发现者珍藏不已,感动常在。杜工部曾如斯嘉赏——

"好雨知时节,当春乃发生。随风潜入夜,润物细无声。"

可见过一池一沼的荷开,叶子出水较高的,会把莲苞遮在底下,当叶上雨珠滚荡时,小花苞安然无恙,睡梦中似的。冰心老人在纸上深情地把母亲比作这种红莲之叶,"心里的风雨来了,您来为我遮蔽。"叶子无语,悄悄施爱而已。

可听过无数颗"微尘",几千人自发匿名捐赠,他们的爱心流露在各自平凡的身份之外,其实不是微尘,而是从黄金上解构下来的分子。没人要求他们,也没人请求他们。微尘们只是在尽着同胞的义务和实践着人性的高贵。

生活的每个细节,宛若一滴润物无声的好雨,恍然飘逝,就错过在我们的余光里了。当眼睛被感动的泪洗涤去蒙尘后,世界才将更清晰,如它原本的模样。

莎翁有句名言:"无言的纯洁的天真,比说很多誓言更能让人融化。"耐人寻味。

"上帝说，要有光，于是有了光。"这是《创世纪》的句式。其宏伟壮阔的气势，震颤心弦。

然而，谁能在现实中找到哪怕一例佐证，来说明它曾出现过？

莲叶的垂怜也许是无力的，微尘的援助没准是徒劳的，然而，这些却是最平凡的，所以让人觉得真实。

很多人在地面上，奔跑着要追求天上的东西。然而一场小雨下来，褪去了追逐者面目上的烦躁和赤热，大家忽然慢下脚步，一起听着无声的雨线如何斜斜地沾湿各自身上的佩饰。佩饰，或金或玉，却在一味向往辉煌的过程中被磨损，有了裂纹。雨水默然渗入这些伤痕，填满了它们，抚平了它们，而没有发出任何言语。

追逐者痴痴地凝视着这一切的进行，他们在强调效应的世界里找到了一块豁开的空间。他们的心灵在这空白处居落，安息。然后他们会想起红莲的叶子，想起母亲，想起微尘，想起一群素不相识却不经意送自己一程的陌生人。

有时候用心去静静感动别人，比迅猛地惩罚他们更好。这就是大爱无声，平凡而微妙的感动。那细雨，正随风潜入你我枕上的夜。

润物细无声，无声胜有声。

相约溶为这场雨，降临在龟裂的土地上。不必言语，悄悄地给予爱，正如曾默默地接受爱。

大学者的平凡

黄蓓蓓

人们常常给予大学者这样的定义：

金丝边眼镜，黑白灰三色的头发，简洁而庄重的中山装；讲课时的严肃认真，思考时的慎重冷静，批判丑陋时的义愤填膺；一丝不苟，意志坚定，喜怒不形于色，内敛稳重……

虽说大学者们多少有几分相似于人们的定义，但当他们卸去社会和自己给予的盔甲时，你会发现，其实他们也有平凡的一面。他们和常人呼吸着同一片空气，仰望着同一片天空，同样用哭和笑表达自己内心最真挚的感受！

"文革"时期，无疑是一个对大学者们身心折磨的疯狂时期。有许多文人忍受不了身心的摧残而选择完结生命来解脱。但沈从文没有，他靠着坚韧的毅力活了下来，这一点是一个大学者的不平凡之处。可当"文革"结束多年后，沈老在接受采访时却出现了这样的一幕。他先是笑着回答："在'文革'里我最大的功劳是扫厕所，特别是女厕所，我打扫得可干净了。"在女记者深表同情地说"沈老，您真是受苦受委屈了"之后，谁也没想到沈从文没有一点儿预兆地哭起来，所有在场的人都惊呆了，最后沈老在夫人像抚慰婴儿般的安慰下，才停止了哭泣。

是啊，面对过去那段难熬的辛酸岁月，从不轻言倒下的沈从文犹如一个平凡的老头。因为大学者也是凡人，他们也有脆弱的时候，他们也有需要安慰的时候……

　　这不仅是大学者的平凡，更是大学者的真实！

　　我们常用投枪匕首来形容鲁迅的文章，也就顺理成章地把鲁迅归到了刻板严肃、少言寡语的这一类人中。听惯了他的"横眉冷对千夫指"，再细细品味他的"怜子如何不丈夫"才发现，原来"民族魂"鲁迅，其实也是个平凡的父亲，一个爱家的男人。鲁迅病重时每晚都要与海婴话别，海婴向鲁迅嚷嚷："明朝会，明朝会。"鲁迅无法大声回应海婴，海婴便远远地喊："爸爸是个聋子，爸爸是个聋子！"面对世上最为珍贵的亲情，再硬的男子汉也会真情流露，再强韧的灵魂同样驻足在一个凡人的肉体里，再顽强的仙人掌也需要水的滋润。

　　如果没有了党派，没有了黑暗社会，鲁迅或许只是一个早上出门上班养家、晚上陪孩子玩耍的普通男人。不，即使有这些，鲁迅也是个平常的人，他爱自己的家，爱妻子，爱孩子。"有情更是真豪杰"！

　　这不仅是大学者的平凡，更是大学者的真性情！

手心的太阳

袁月华

某日在书柜里，翻出一本牛皮纸封面的书，几个手写的大字，具体的内容已模糊了。粗略浏览过大半，才发现这是一个厚厚的笔记本，日期、天气之类都记得很详细，而它封面的署名，是外公。

猛然想起，自从今年春节一别，就再没和外公见过面了，连电话也直接被忽略。

外公做了一辈子的中医，如今却连出门都已不方便，只能在身体好的时候到院子里踱几步。望着手上的从医工作笔记，想象着他当年记下它们时的一丝不苟的神情，似乎有些明白了为什么他对我一直很严厉。

其实小孩子都不喜欢被约束太多。很久很久以前，我的假期都是在外公家的那个小镇上度过的。每天都有一部分时间要做功课，还要雷打不动地写三张纸的硬笔书法，自然会有烦躁的情绪，却也只能埋在心里。所以，在那个不懂事的年代，总是很怨恨大人们的安排，现在想想，也确实很幼稚。

因为大多数时候，外公对我还是疼爱有加、倍加呵护的。

印象最深的是某个晚上，正如很多矫情的故事一样，那也是个雨夜，具体地说，是一个雷电交加的雨夜。那天我和爸爸妈妈一起去了外公家，外公家门口有一条长长的缓坡，坡下是外公的小院，坡上还有一栋属于他的新房子，只是没什么布置。晚上，就像很多个在那里的晚上一样，我和外婆在坡下的房子睡觉，爸爸妈妈去了"上面"。可是那一天我睡得很不安，第一次感到缺乏安全感。后来终于被雷声惊醒，就开始哭闹着要去找妈妈，最后外公实在拗不过我，只好答应。家里唯一的雨伞被值夜班的姨父拿走了，外公将一件厚厚的军大衣披在我头上，拿起手电就抱着我向外跑。我连鞋子都没来得及穿，就把两只脚放在他的口袋里，一路上还哼着歌似乎挺得意。透过大衣的缝隙看到镇中学那边总是有"之"字形的闪电，整个没有路灯的小道被它照得很明亮。

到那儿之后，敲了好久的门，爸爸才来开，而我又开始没有道理地大哭，仿佛是受了很大的委屈。爸爸将裹在我身上的大衣递给外公，但他只是摆摆手，又朝屋里指了指，大概是让我们拿去当被子再盖一层，还没等我想明白，他就消失在雨雾中了。

每当我想到外公，总会不由自主地想起这件事，尽管过去了十多年，但它似乎越来越清晰，每一次回味都增加一丝温暖和心酸。

还有那个关于马头琴的故事。

小时候在家里，妈妈总会在睡前为我念几个童话，这个习惯一直保持到小学四年级。暑假到了外公家，总是痴缠着他，这给不善言辞的他造成了很大的困扰。刚开始他也是回避，可过了几天，他竟主动提出要讲，并且没有用故事书，和妈妈有很大不同，这也让我兴致很高。第一个就是讲"马头琴"，很好听，也很动人，外公讲得也极富感情。可是后来的几篇故事，却总是让我不太满意，直到发现他的床头有一本新故事书，才反应过来，也许他是努力地背下来的，努力地抛开"读书"的形式，只是因为我喜欢。

再后来，他就经常讲"马头琴"，每一次的开场白都是"我今天讲的你没听过，肯定喜欢"，如此反复，我才明白原来他的记忆已大不如从前。直到现在，他仍然喜欢搬两个小凳子，和我一人坐一个，在院子里晒一下午太阳，经常问我想不想听"马头琴"，说那是他小时候，他爷爷讲给他听的，一个关于小男孩和小马驹之间深厚友谊的令人感动的故事。

上了高中以后，寒暑假都在补课中度过，被沉重的功课压得喘不过气来，不能再回到当年，那些自由的、无忧无虑的时光。表妹现在上小学三年级，也经常去外公家度假，偶尔看到外公为她梳头，似乎又让我想起了某些遥远的场景。

譬如我经常贪婪而满足地舔着他手心的糖粒，他总说痒，一边逗趣一边享受着我的快乐。

譬如元宵节他把我顶在肩膀上去看灯会，我常常会蒙住他的眼睛。

譬如他讲红色革命之类的故事给我听，还讲到他小时候的艰辛。

譬如他第一次笨手笨脚地为我梳小辫儿。

——慢慢地从生疏到娴熟，就像对现在的表妹。

还有很多很多。

他知道早期教育对一个孩子多么重要，所以在学习上也从不对我放松。看到现在的表妹，在他的"逼迫"下学唐诗、学成语，仿佛看见当年的自己，带点儿不满和厌烦的情绪，完全不能读懂他的苦心。

到现在，在书柜里发现外公的工作笔记和几本中医药学书，才想起某段时间我总是"血热"，这是他托人送来给我的，而我从来没打开过。还想起，分科前他打来电话问我的选择，知道我去文科后，很低沉地说"好，好，学文也挺好"。就在那一瞬间，我仿佛看见他落寞地放下话筒的背影，明白了外公想说而又没有说出的话，因为他一辈子的中医生涯，他也许是希望我将他的热爱延续，却没有用长辈的权威给我压力——他一向是这样的。

以前有人说，父母是一本书，但我觉得，外公给我的爱更是一本比父爱、母爱深沉很多的书。直到上了高中，从懵懂到渐渐明朗，都还是无法完全读懂它。它一向是被我列入"神圣"的东西，也是我长大后才明白的却无法参透的东西。

外公知道，从小与父母有些生疏的孩子会不健康地成长，他知道我需要并渴望关怀，所以他包容我、鼓励我、理智地爱着我。

承载着这份浓浓的爱，不管前方是什么，我都会顺着他的目光一直走下去，握着他的温热。

诱 惑

张巧巧

大伯对辣情有独钟。他是越辣越够味，辣得嘴里"呼哧呼哧"，那才叫过瘾。就因为爱吃辣，他对《辣妹子》这首歌都耳熟能详了，常常来几嗓子。我经常劝他少吃辣，说对身体不好，他总会来句流行广告词："诱惑，冲动挡不住"，顺便还来个滑稽的动作表演，惹得大妈骂他"不正经"。

我从小就听医生说，要少吃辣，吃辣会引起炎症及其他病害。大伯身体本来就不是很好，这样吃哪儿受得了。再说他都讲到"诱惑"上去了，有些诱惑可是恶习之源啦。所以我决定用实际行动劝劝他。

一天，我拿一张关于青少年成长报道的报纸给大伯看。大伯看了直叹息："这些孩子咋就变成这样子了呢？上网可不是件好事。侄女，你可得注意了。"我连忙问他："大伯，他们怎么成这样子的？""上网啊，这不写着吗？""明知这样会给他们带来坏处，他们为什么还要没日没夜地上网？"我趁势发问。大伯叹了叹气："克制不了自己啊，年轻人自制力不强。""诱惑，大伯，这就是'诱惑，冲动挡不住'。"我高兴地大喊。大伯一惊，看看我又瞅瞅报，慌乱中蹦出一句："我吃辣与这不一样。""有什么不一样？他们上网损害身心健康，您老吃辣损害身体健康，都是诱惑惹的祸。""这孩子逗我。"说完大伯扔下报纸扬长而去。计划失败，我一脸失落。

也不知是不是我这张"乌鸦嘴"的预言，大伯生病住院了。医生说是因为吃辣引起炎症，诱发了他多年的肾结石。看着大伯豆大的汗珠从额头上冒出，我拿着毛巾边帮他擦汗边嗔怪他："大伯，疼吧，看您以后还吃不吃辣，还说不说'诱惑，冲动挡不住'。"大伯苦笑一下说："挡，挡，以后得挡。"

出院后，大伯真的没像以前那样吃辣了，可大妈说他总是忍不住，偶尔还尝尝。大伯嘿嘿笑着说："我抵挡诱惑了，可是有几次那辣气往鼻子里钻，我没挡住。"看来大伯还没彻底挡住诱惑。"革命"尚未成功，我得继续努力。

一次偶然看到一篇关于近视的文章，我眉头一皱，计上心来。

我看到大伯从前边走来，连忙跑进屋拿了个香蕉，并把文章放在桌上。大伯哼着小调走了进来："侄女，干什么呢？"他走到桌旁随手拿起那本书。突然小调声停了，接着他弯下腰盯着我看。我心里乐呀，可我故作镇定问他："怎么了？""你是近视眼吧？""是呀，怎么了？"我吃香蕉吃得更带劲儿了。"别吃香蕉了。"大伯夺过香蕉。"书上说近视眼要少吃甜食，特别是香蕉，它会让视力严重下降的。""没办法，诱惑挡不住"。"谁说挡不住，我挡给你看！"大伯一脸凝重。嘿，正中我下怀。

再放假回家，大妈就给我报喜，说大伯这段时间一点儿辣都没沾，并且提也没提。我一听心里乐开了花。

"辣妹子辣，辣妹子辣，我呀现在不吃辣……"听，是大伯在哼唱。嘿，歌词都改了。看来真的是挡住诱惑了。

我在路上捡到你

李晴璇

> 我穿行在人生的道路上，收集着路边的风景，更在路上捡到了你……
>
> ——题记

有人说："那些在我们生命中出现却又消失的人，都是我们生命中的天使，他们或许教会我们一些道理，或许带给我们一段美好的回忆。"还记得最后一次紧紧握住姐姐的手，两个人风似的奔向学校，累得上气不接下气，却还傻笑……可那次以后，姐姐却如人间蒸发一般，再也没有回来，再也没有牵过我的手，只剩下我在原地呼喊，可听到的只是自己的回声……姐姐是我生命中的天使，她教会了我"爱"，然后离开，去了属于她自己的方向。

在路上，我回头看，看见了那一张张可爱的笑脸，那一张张出现过，但不属于现在的笑脸。曾经很伤心，曾经很生气，因为不想离开他们，更不想让他们离开自己，但后来发现人与人之间就像那无数条河流一样，有交汇，也有分流，谁都不能去改变，谁也没有权力将一个人强留在自己身边，我们都有方向，我们都要飞翔！

我在从前的路上捡到你，珍惜就好！

"无穷的远方，无数的人们，都和我有关。"面对千千万万个未知，许许多多个邂逅，我期待：

我期待每一次坐公交车，看到顽皮的小孩子，露出清澈的笑容，妈妈给他讲故事，又将他哄得快乐地微笑。我望望窗外，想起了自己小时候，依偎在妈妈怀里，什么都不怕的样子。

我期待每一次与陌生人相遇，或许他身上的物品掉落，那就帮他捡起，相视一笑，没有多的语言。短暂地相遇，然后又回到属于自己的方向。

我期待步入一个新的环境，去结交新的人，去寻找生命中新的天使，暂时停留在人生之路的一个站台，去开辟新的美好，或许我们终将成为彼此的过客，但我们会永远记得彼此相遇的站台。

奔走在人生的道路上，我捡到了无数个"你"，而你，就是我生命中与我息息相关的那个人。

因为我在路上捡到了你，我的世界才变得那么美丽！

老　爸

黄雅雯

一

很小的时候，便学着电视剧里的女孩子叫爸爸"老爸"。其实，那时候的爸爸也不过就三十刚出头儿，正属于"一枝花"的年龄，英俊挺拔，跟"老"一点儿沾不上边。所以当他听见我对他的"亲切称呼"时，总像个孩子似的嘟起嘴巴："爸爸真有那么老了吗？"

可我依旧半带顽皮地这么叫着他。我们之间的日子，如水一般静静地流淌在这一声声的"老爸"中。终于，爸爸也渐渐习惯起这声声"老爸"来，甚至在我面前也这样自称了——"闺女，听老爸的话！""丫头，老爸给你买了本书……""好女儿，别把老爸抽烟的事告诉你妈……"

嗨，这个不老的"老爸"！

二

成长的路上，我牵着老爸的手，缓缓地向前行走——走过幼稚园，走过小学，走过初中。我就像依偎在他身边的一棵小树，不知不觉地从他的腰间窜到了他的胸口，而今已可以将脑袋搁上他宽厚的肩头。而爸爸依旧是我身旁一棵俊朗挺拔的大树，岁月在他的身上似乎是留驻的，老爸的形象仿佛已经被定格——幽默、乐观、健康，懂好多好多的知识，有无穷无尽的力量……似乎这个"老"字在他身上永远也派不上用场。

"你是上帝给我派来的天使，给老爸灌注了青春的魔力……"老爸这样诠释了他不老的秘密。我相信这是真的，因为爸爸从未跟我说过半句谎言。

"哦，老爸，我只要你年轻，我愿意永远守在你身边。"我扳过老爸的手指，与他拉了拉钩。

老爸笑了，突然间我看到了他眼里有晶莹的东西在闪烁。

三

可我还是违背了我的诺言，因为我要离开爸妈，到远方的城市去读高中了。

我在聆听完老爸一遍又一遍的叮咛之后，也给老爸留下了一句叮嘱："可不许离开我之后偷偷变老哦！"

而老爸似乎没有牢记我的叮咛。在我度过了第一个学年又回到家的怀抱时，我蓦然觉出了老爸的变化——

在一个阴雨绵绵的清晨，我听见老爸跟妈妈说他腰背酸痛；

在一个悠闲宁静的午后，我坐在老爸的身边，他如霜的鬓角突然闯进了我的眼帘；

在一个安恬温馨的晚上，老爸翻起我儿时的相片，相片上的我笑靥如花，老爸也笑了，而他的慈祥的眼角瞬间荡漾出一道道隐藏着多少沧桑岁月的波纹……

四

老爸,你真的"老"了吗?

是否因为我没有守在你的身边让你多出了一份牵挂?是否因为我起伏的成绩让你为我操透了心?是否因为我再没有牵着你的手去乡间小路上踏青?是否因为我那一声声"老爸"的预支今天终于一次性地兑了现?

用什么才能将这个"老"字从你的鬓角、从你的额头、从你的腰身拂去?

我不再叫你"老爸"了,我也不会再让你操心,我会时常回来看你,我会牵着你的手去踏青……因为我希望你永远年轻,希望你一直陪我走下去呀——

爸爸!

父亲的秋天

瞿 玥

一声"保重",季节就秋了。

秋来了,人就随着秋,瘦了。

这个秋天,爸爸要承担的东西太多了。爷爷的去世,奶奶的重病,高额的房贷,单位效益的急转直下……一切的一切都压在了他——一个四十多岁的中年男人身上。

多事之秋。

秋风萧瑟,把石头吹瘦了,吹得千疮百孔。叶儿被秋风吹离了母亲的怀抱,在空中呜咽。叶儿伸出无奈的小手,想要抓住一点儿安慰,但除了狂风,它什么也没得到。

正如爸爸一样。

他每天来往于医院、家和日渐萧条的单位,这三点一线的来来往往把他原本单调的生活折磨的更加单调。除了给他又添加了诸多烦恼,别无他物。我看到他疲惫的脸、红肿的双眼和没有活力的步伐,也能想象到他每天在单位忙得焦头烂额的样子,更能体会得到他每天在病床前是怎样用强颜欢笑来换回奶奶的笑脸。

他不易,真的不易。每天,我都祈祷爸爸可以平安归来,不出一丁点儿差错。我总是同妈妈一样,站在窗前静默地等着锁车的声音,开门的声音,直到爸爸进屋。叫一声爸,我才可以安心。

看着他倦极的面庞，我心痛不已。我也总是热上一杯牛奶，放到电脑旁："爸，先停一会儿吧，啥文件也不用这么着急啊！"

"唔。"他答应着，依旧敲着键盘。

而那杯牛奶，却永远是满的。

还记得昨天，楼道电灯坏了，满是漆黑一片。爸爸知道我怕黑，就要送我上学。我不忍心看他工作到那么晚，还要早起送我。我拒绝了。壮着胆子下了楼，过马路时，我听到爸爸在叫我。已经过了大半的我只好先过到了对面。转过身，我看到爸爸正站在那一头，焦急地看着一辆辆汽车飞驰而过，找不到通过的时机。

在漫长的等待中，在断断续续的车灯中，我才真正仔细看到了现在的他——我的爸爸。

他穿着一件黑色西装，很不起眼，不出众的身高更使他被淹没在呼啸的汽车之中。前额的几丝银发被车灯照射得格外突出，那苍白刺痛了我的心。黝黑的脸上，岁月无情地留下道道驶过的车辙，而生活的磨难却又将它们刻得深而又深。透过镜片，我看到一双红肿的眼，蒙着疲惫的影子，更透着焦急的等待。终于，车少了，他一步一步朝我走来。的确，爸爸老了。身躯早已不再挺拔如初，更被生活的重担压弯了双肩。大步流星早已不再是他的代名词，取而代之的是灌了铅的双腿和双脚。

爸爸！那是我的爸爸，我至爱的爸爸！

眼中升起的白雾，让我再也看不清他的脸；心里的眼泪，模糊了视线，让我看不见路。

爸爸牵起我的手，带着我向前走去。

凌晨的黑暗中，一对父女依偎着向前走着。尽管秋风怒吼，黄叶飘零，但我知道，只要有爸爸在，我就可以牵着他的手，牵着如血脉般紧密温暖的父女之情，一直走向阳光。

沉 默 的 爱

徐 宁

在爸爸的房间里有两本书。说是书，其实也就是期刊类读物。除了这两本书，他的房间里已没有其他像模像样的读本。那两本书被爸爸保存得完好如初，封面依然崭新，可里面有一页却已翻得不成样儿。

其实，这两本书是我的母校外国语学校发的，一本是《文翰》，另一本是《英语刊报》。里面发表的都是学生的文章。我只有一篇发表在《文翰》里，也只有一篇英语短文发表在《英语刊报》里。但这足以让我兴奋得拿着两本书回到家领赏，妈妈犒劳了我一顿美餐，爸爸则看了一遍又一遍，并珍重地放在自己的房间里。

爸爸是农民，尽管高中毕业，但毕竟年迈了，他读着我的那篇《阳光般的爱》，只有一千多字的文章，他竟看了半个多小时。看完后，他笑了笑，说了两个字："不错！"对于沉默的他，那两个字是弥足珍贵的。然后，他又仔仔细细地从头到尾琢磨了一遍。在那篇文章里，我写的只是一件妈妈给我送被子的小事。当时我很怕他说我偏心，从小只对妈妈好。是的，我仍记得六岁过年时，爸爸要花十元钱买我和他睡一晚上，可我面对这样的"天文数字"，坚决地说了个"不"字。

好不容易等他看完了第二遍，或许都过了几个世纪吧，他才小心翼翼地合上，摸了摸那光滑的封面，又舍不得似的拿起第二本。那里面找不到一个汉字，全是密密麻麻的英文字母，连我的名字也不例外。他翻了几下，递给一旁得意的我，又是一个字："读！"

我清了清嗓子，用最流利的语气给他读了一遍。他当然听不懂，却说了个词："好听。"看他的意思是没过瘾，我又投入地读了一遍，然后用中文解释了一遍。

第二天一大早，我便起来了。因为下雨，爸爸便休息在家，我看见他还躺在床上，对着那本英语书聚精会神地看着，只不过拿倒了。我看着他的样子真想笑，他却喃喃自语："臭小子，算没白养。"直到我走近了，他才察觉到，却又保持原来的缄默。我怕他尴尬，忙转身走了。

直到下次放假，我回到家，看妈妈在做饭，爸爸还没回来，我便上了楼，一眼便看见爸爸的床头仍躺在那两本书，封面完好如初，只不过有我文章的那页已经破旧，若不是胶布粘着，就要飞落。我想，这都是爸爸翻动的功劳吧！

爱，其实无须表达；沉默的爱，别有一番滋味。

站在老屋的门口

刘伊柔

一座低矮的小木房，只在屋顶披着一层灰色的瓦，时光侵蚀了老屋的门。而我徘徊在门口，想着那些平常小事。

先前是爷爷守着老屋。他喜欢坐在门口，一口又一口优哉游哉地抽着自卷的旱烟。而当每次呛得满脸通红时，便急急地招我给他捶背。那场景重复了几年。而我印象中染红老屋门口的那一抹残阳，落了又起，起了又落。不经意中，爷爷便没了。老屋的那扇门吱呀吱呀地在风中摇曳，但摇出的只是一阵又一阵凄凉的心痛，终究，没了坐在老屋门口的人了。

后来迁了新居，奶奶却执意要待在那所老房子里。她也不解释，只是如爷爷一样沉默地坐着，大家违拗不了她。但稍稍懂事的我想，这老屋的门，承载了太多太多。放学回家，我喜欢伏在老屋门口的小板凳上写作业，一来那儿安静，二来也可与奶奶做伴。奶奶喜欢唠叨，唠叨那些我好奇的往事。偶尔也有三三两两的老婆婆们聚在老屋的门口，谈着那些谁会先入土的事情，平平常常地，如同拉家常一样。但我偶尔也会听到奶奶一个人埋怨，埋怨那个糟老头子去得太早。那时候不知是奶奶倚着门，还是门倚着奶奶。孤零零的，我噙着泪，听着她呜咽，却哭不出声。

时间久了，老屋也成了摇摇欲坠的危房。村里的人劝爸爸把屋拆了，我没肯，当然，爸爸也执意没有答应。记得他同我一起走到老屋那挂锁的门口，听他喃喃地说："等我老了，还住在这屋里。"我想我是懂的：爷爷奶奶都在这里去了，爸料想是在这门口看到了他们的身影；而人近中年，也想到了自己的归宿。那时候，我天真地应了一句："爸，等我老了，也住在这屋里。"爸没吱声，摸了摸那扇小木门，转身便走了。我想他是不愿在老屋的门口哭，怕爷爷奶奶瞧见了伤心。

而如今，我站在老屋的门口，不愿去推开它，因为怕触及那些尘封的往事。但有些事物，如同老屋的门，经历了太多太多，却依旧沉默无语。我不敢撩扰这一分岁月的无声与沧桑，但我想，今天与明天之间，也许也只隔着一扇门，我们都站在岁月的门口徘徊，追忆着那些过往的事与过往的人。

我站在老屋门口，想着那些平常小事。老屋的门，被岁月锁着。

踮 起 脚 尖

宿馨心

夜很深了，躺在床上辗转反侧，父母还未回来，我有些怕了，也有些生气。

一家三口挤在这二室一厅的房子里，家具很少，却还有一部老掉牙的黑白电视机，虽然穷，却仍是不愿低头。在这个陌生的大城市，我没有钱去上优秀的高中。但我有自己的理想与目标，我虽然衣着破旧，却有自己的尊严。今年是高三二期了，高考是我实现人生梦想的转折点。

唯一让我心中有一丝不满的便是父母，他们每天总是那么早地起床离去，又是那么晚地回来。我多么想有一次我们一家三口在周末去公园游玩，去河边吹风，可是连这一点儿小小的要求，上天也没有给过我一次答应。

不行，今天一定要等到他们回来。我知道他们是为了挣钱，是为了我，可是我不愿他们如此劳累。我愿意过得更艰苦些，毕竟我还有很长的明天。

门外的楼梯隐约传来了一丝丝响动，那么轻，那么微弱、缓慢，那声音慢慢地靠近，到了门口，颓然停下。

过了好一会儿，才慢慢地听到一丝轻微的金属碰撞声，一个物体慢慢地插入锁孔，又是一声轻轻的转动声。门，悄然打开了，"轻点儿，孩子睡着了。"这是母亲的声音。

我能感受到她正踮着脚尖向我走来。

没有声音，我却能感受得到，那个轻轻的脚步，正一步步地温暖我的心。

"又踹了被子。"

母亲轻轻地拉过被子，慢慢地移到我的身上，又抽身慢慢地离去……

自始至终，家中的灯没有亮一下，也没有发出什么很大的声音，只有父母那踮起的脚尖，一步步踩在我的心头。

拉过被子蒙住头，我强忍着声音不流露出自己的感受，泪水却一行一行地滑落。

这一晚，我不知道自己哭了多久，我只知道枕头湿了一大片。

男儿有泪不轻弹，今夜我却泪千行！多少年了，多少个日日夜夜！每晚父母都是这样踮着脚尖，在一片漆黑的房间里慢慢地移动，我为什么还要生气呢？

朱自清有父亲的背影，史铁生有母亲推着轮椅的身躯，傅聪有傅雷先生殷切的家书，而我，我有什么？我有父母踮起的脚尖！

父母是平凡的，父母对子女的爱却是伟大的，是无与伦比的，是一个人一生最大的财富。

踮起脚尖，父母的爱，今生永不忘，也不敢忘！

熟 悉

刘亦男

总觉得"熟悉"是个温暖人心的字眼,容易勾起心中最柔软的回忆。

闭目,遐思……脑海中只有一双皲裂的、长满老茧的手。那是外婆辛苦一生的见证。

在我还蹒跚学步时,外婆粗糙的手便是我的"支柱",它引着我,一步,一步,而外婆的脸上堆满了慈祥的笑容。偶一不小心,摔了一跤,那双手急忙把我抱起,为我拍去身上的尘埃,然后摸着我的脑袋,轻轻地问道:"摔疼了吧?"而我,傻傻地盯着那双手。

鞋柜的最底层堆满了我儿时的布鞋。红的,黑的……这儿的每一双鞋都是外婆戴着老花镜,用她干枯的手一针一线缝的。透过昏暗的煤油灯,我仿佛又看见了那双手在鞋垫上穿梭,时而捏着针在银发中刮两下。长满老茧的手做出的鞋竟是如此的漂亮、舒适。

再大些,我开始注意到了外婆手上的裂痕。星空下,我捧着那双手,细数着上面的裂口:"1、2、3……"横的,竖的,还有两条裂口重合的,组成一个"十字架"。"外婆,为什么你的手总会有那么多的口子呢?"我满脸疑惑地仰头问道。"那是因为外婆越来越老了。"老,意味着什么?几岁的我无法理解这些裂痕竟是外婆辛苦一生的见证。

上了中学，很少再看见那双干枯的手。但每次回去，那双手总会为我准备好我爱吃的饭菜。我开始懂得原来这双手上的裂痕为什么会如此多，如此深，因为有外婆的儿女们、外孙们的存在，这双手就注定为他们操劳。裂痕的深，正是外婆对后辈的深爱；裂痕的多，正是外婆对后辈们浓浓的爱。

那双皲裂的手总会带给我两个字：温暖。而这种熟悉的感觉也源自书中。

偶尔一瞬，心底萌生出一种熟悉的感觉，很充实，很坦然……那是醉在书中的悸动。就像与书中的文字是旧识，与书心灵相通的契合。静静地，默默地，让文字渗进我的血脉，感受着文字的无穷魅力。那种熟悉的感觉竟是如此的温暖，就像和谐的微光普照着世界的每一个角落。久而久之，我觉得这种熟悉的感觉就是感恩与感动。只有怀揣一颗真诚的心，你才会发现这个世界竟是如此的熟悉。

让熟悉温暖你我，温暖整个世界。

这也是一种幸福

米敬瑶

不是每一份爱都经得起"山无棱,江水为竭,冬雷震震,夏雨雪,天地合,乃敢与君绝"的誓言;不是每一份情都需要经受"多情自古伤离别,更那堪冷落清秋节"的生离死别;涸泽之鱼,相濡以沫,这也是一种幸福。

——题记

爸是医生,妈是护士。两人都在同一所医院上班,科室仅隔了三层楼,几乎每天都是一同骑着自行车去上班,又一同回来。

然而我是向来不肯承认他们的爱情或是他们的婚姻是幸福的。

他们的爱情,太平凡,太普通;他们的婚姻,太匆忙,太急迫。这样的爱情,这样的婚姻,又怎能担得起"幸福"这样一个甜蜜的词汇呢?

在我看来,要爱,便当如唐玄宗与杨贵妃般,"在天愿做比翼鸟,在地愿为连理枝",这才是轰轰烈烈的幸福;要爱,便当如焦仲卿与刘兰芝,"孔雀东南飞,五里一徘徊",这才是生死与共的幸福;要爱,便当如张爱玲之于胡兰成,敢爱敢恨,纵然最后挥剑斩情丝,不也有一种曾经爱过而痛彻心扉的幸福吗?

然而妈听完我的话后,笑着拍着我的头,说:"你还太小,不懂什么叫幸福，妈幸福着呢。"说完她就笑了，笑得似乎那份甜蜜从心里一直溢了出来，幸福流了满地。

真的吗？难道是我自己一直都错了，一直都不明白他们所谓的幸福，那被我与生离死别、山盟海誓、轰轰烈烈而画上等号的"幸福"，一直就在他们身边吗？

我开始寻找，寻找幸福。我看见妈生病时，爸爸做好了饭菜，坐在妈旁边，一口一口喂着她，又像哄小孩一样哄着她吃下药。妈那本因病而恹恹的脸色在刹那间有了阳光般的灿烂。

我看见妈闲来无事时，为爸梳头，梳着梳着便感叹："唉，怎么这么多白头发了。"爸便回头一笑："不都老了吗？"接着两人便笑开了，彼此眼中都有一种心照不宣的甜蜜。

我看见妈上班回来，说着："好累啊，还要做饭。"刚才喊累躺在沙发上的爸立马鲤鱼打挺般跳起来，说："我去做！"妈面带着笑意随爸进了厨房，一会儿便听到妈温柔地呵斥："你出去，你出去，在这里帮倒忙。"

我还看见……

"我能想到最浪漫的事，就是和你一起慢慢变老……"耳旁传来熟悉的旋律。我想我已经明白了，爸和妈的幸福，在平凡的日常生活中，在琐碎的柴米油盐里，也在那条他们一起走了二十年的路上。

不是每一分爱，都需要"众里寻她千百度，蓦然回首，那人却在，灯火阑珊处"的苦苦追寻；不是每一份情，都需要"十年生死两茫茫，不思量，自难忘"的肝肠寸断。执子之手，与子偕老，这也是一种幸福。

一次尝试

刘佳佳

"你很喜欢喝茶吗?"

"还可以吧!"

这是上学期的时候,我的室友问我的。当时,是在晚自习之前,据说茶叶有提神的功效,我担心自己晚自习打瞌睡,所以就带了一点儿。

其实,我以前并不喜欢喝茶,甚至连茶叶是什么味道都不知道。

听爸爸说,新鲜的茶叶摘下来后,要经过洗、晒、炒等多道工序才能成为上等茶叶。我所见的茶叶都是紧缩一团的,好像越紧缩的经开水一泡就越能舒展开似的。

记得那是一年春节,我们一家人去给爷爷奶奶拜年。爷爷奶奶看见我们便笑得合不拢嘴,还放了一串鞭炮,我和妹妹跟爷爷说了几句祝福的话,然后就坐下来,爷爷泡一杯茶给我,我没在意。过了一会儿,我的眼睛不知道为什么就一下子盯到茶杯上去了。

我注视着那茶叶。

下沉,下沉,下沉到底;上浮,飘忽不定,展开,展开;上浮,再下沉,最终分成了最上面的、最底下的和中间的三层。

我就问:"爷爷,您这泡的是什么茶啊?平时我看爸爸喝的都是漂在上面或悬浮在中间的,很少有在底下的,就算有沉底的不久也会上浮,您泡的是上等茶吧?"

爷爷直了直身,笑了,说:"你观察得蛮仔细的,我泡的这杯茶有一部分是上品的,还有一部分是下品的。上品的茶叶,因为炒得紧缩,那开水一泡就会上浮,但也有多数茶叶因为来不及展开而放弃了,只好沉在底下,没机会喽!至于沉底的下品茶叶,它们呀,不紧缩,太轻狂。中间的呢,能上能下全靠自己,把握住了就能在水里充分舒展。"

我好像明白了些什么。

"茶就要凉了,快喝吧!"不热不凉的暖茶被我一股脑儿全部喝下去了。"真苦!"我大叫,我记得这是我第一次喝茶。"那当然,先苦后甜嘛,人来到世上是要吃苦的。""那人死时为什么不笑呢?他就不用吃苦了呀!"这时,妈妈对我说:"你这孩子,大过年可不准提'死'字!""算了,算了,孩子也是无意之中说出来的,就不要怪他了。"此时,突然有一股甜味如泉水般在我嘴里涌了出来,好甜啊!爷爷说:"苦是最能让人回味的味道,所以人才留恋而不笑。"

我真的明白了。

"那茶叶呢?苦练而来终究要耗尽自己,最后沉在杯底,它只是为了在喝茶时展开自己吗?"

"对,孩子,它的价值体现在过程中。"

我完全明白了。

我又去泡了一杯茶,慢慢品尝了起来。

桂花飘香的美丽

陆欣雨

"莫羡三春桃与李，桂花成实向秋荣。"桂花是秋天美丽的象征。有了桂花的陪伴，秋天便成为一年中最值得珍惜的时光。

淡蓝色的清晨，轻轻地推开窗，霎时被屋前那一袭花香和满眼淡黄惊了心，不禁香香甜甜地叹了声：呀，桂花又开了！那是一棵几十年的金桂树，满树蓬勃的叶子，拨开翠叶，看到那盘虬卧龙似的枝干，敬畏之情油然而生。

陪着我长大的桂子，早春里吐露细芽，仲夏里书写诗篇，金秋里满树繁星，暮冬里轻笑银装。地上的桂子想着广寒宫里的桂子，努力生长着，仿佛也要撑破月亮。

父亲极有兴致，撷了些散花，倒在紫砂壶里，用热腾腾的水冲泡，泡成暖暖的桂花茶。母亲撑着头，淡淡地笑："喝的是花香呢！"记得那年腊月，奶奶蒸糕时，撒了些桂花上去，压成斜斜的小糕，蒸得如同白玉一样，晶莹剔透，隐约可见已变深黄的桂花，咬一口，糯香软口，唇齿生香。桂花香了我幼时的全部时光，这就是乡间孩子的乐趣。

我拿起一只粉色的篮子，收集那一簇簇的花蕾。不多久，粉篮里便挤挤攘攘堆满了桂花。将篮子搁在阳光下的泥地上，它们便像是和阳光比着谁更灿烂呢！再看自己的手，指尖已被那桂子染得金黄了，再放到鼻边一闻：呀，香透了！我的嘴角弯起一个轻巧的弧度，一瞥眼，篮子里的桂花正在阳光下吃吃地笑呢，一绺一绺，一串一串，花香了人，人醉了花。

金秋时节，淡雅玲珑的桂花开始绽放自己的生命。满树金黄细小馥郁飘香的花儿，点缀着红叶艳丽的季节，芳香中透着丝丝甜意，使人久闻不厌。秋风掠过，桂花又像一只只金黄色的蝴蝶纷纷落下。桂花之美，在那沁人的芬芳里升华。古往今来，在诸多唐诗宋词里，"枝生无限月，花满自然秋。""桂子月中落，天香云外飘。"……太多太多赞美金秋桂花的诗词跃然心上，读着诗词渐渐地就被桂花熏醉了。

桂花在应来的季节翩跹而来，送我沁人心脾的花香，教我乐观开朗地微笑，赠我一年又一年的希望。那桂子飘香的美丽，在我的心里，就是最动人的风景。

倾　听

胡亚雯

高中开始住校了,见到家人的时间越来越少。

我的父亲文化程度不高,对于已经读高中的我,说话总是简而再简,生怕耽误了"读书人"的哪怕一分一秒。

这不,我刚从学校回来安顿些许,父亲在我紧闭的门外不轻不重地敲了两下子:"要喝茶吗?"声音像是儿科大夫问小病号一样。

"不要!"这句话还没经过头脑就倏地蹦出,简短的话语斩钉截铁地似乎又给房门加固了一道锁,我居然都被自己吓到了。

父亲马上就转身走了,我听到他的拖鞋在大理石上拖动的声音,一切都像没有波澜似的过去了,但我的心中却突然涌起一阵深深的悔意。有时候就算我真的不想喝茶,直接说出"不要"这样的拒绝也很难——什么时候开始,拒绝父亲的关心已经变成一种习惯了呢?写字台的台灯是新的,正洒落橘黄温柔的光。

每次他敲我的门,我表现得越来越像接一个打错的电话一样不耐烦,"读书人"便成了挡箭牌。父亲渐渐也意识到了,但还是时不时来问我:"最近怎么样?"像是作为一个父亲理应每天问的话,可能也是因为我在家中一直不声不响。可我那时极度讨厌父亲以这句话开头的任何关心,因为学校的事向他诉说也是空谈。

父亲从他十几岁就出来做生意了,他默默无闻地养着家,供我读书。幼稚的我却倚仗着读书以为理所当然，就如我偶尔看见他总是拔去他的白发，一根，又一根……

时间又回到当下的晚上六点，我细数着自己的不该，一件又一件，竟无法再专注。从镜子里找出这张"罪人"的脸，这眼睛若再添些无奈和沧桑便是父亲的眼；这头发再夹杂些疲惫和悲欢离合的白发便是父亲的发；而这嘴，少一些刻薄与冷漠，便成了父亲的嘴。突然醒悟——这些年我亏欠他的东西早已经超过了血亲的重量。

这么多年，父亲或许已经习惯了我的稚气，他正一个人在沙发上看着球赛。这种不以为然让我心中绞痛——已经那么长时间，都是我向他索求，却把我的大门紧闭到他再也不试图接近，我把心中渴望诉说的机会留给了朋友，却忽略了倾听我的家人。

关上了台灯，我走近父亲。他正陷入沙发中，捧着一杯热茶。电视中传来的足球赛事的实况使我的处境不那么尴尬。我忍着心中的内疚，表现得若无其事。他看我来，很快调低了电视音量，似乎在迎接一个熟悉的陌生人。

我扶着沙发把手坐下来，我们陷入一片寂静，空气却洋溢出温柔。

"最近怎么样？"他终于笑了。

乡 雨

葛杰荣

欧阳修《踏莎行》云："离愁渐远渐无穷"。日暮时分，楼上伊人怅眺情郎渐渐朦胧在远方的山影里，心中的离愁别恨也愈加厚重起来。越远，越浓烈。

很难相信，曾经模糊的画面逐渐清晰，甚至是被遗忘的边边角角。时间越远，越深入我心。这种似曾相识、欲捉却无从捉住的感觉就是乡愁吧。出生在苏北小城，从未长期旅居异地，而我的家乡，就在不远处，不到半小时车程。未离乡，何来愁？抑或，乡愁本与是否离乡无关，而只是一段记忆，一段刻骨铭心的生命历程。像一颗种在生命里的种子，终有一天会萌发，占据整个心灵。

我相信后者。

故乡，总是和美好联系在一起。门前清澈的小河，屋边葱翠的杨树，头顶永远湛蓝的天空。还有初春绿油油的田野，仲夏闪烁的繁星，金秋沁人的稻香……这美好的一切，早已不仅仅只是现实的地理意象，已成为心中故乡的永恒。故乡，已经被定格为美好，从过去，到现在，乃至将来。故乡的日子，总是甜蜜安静的，时间凝固，一切自然。我若能够回到彼时彼乡，无异于误入桃花源的武陵人。

最不能忘怀的，是故乡的雨。故乡的雨，是活的，是有生命的，是有灵气的。现在生活在城市，雨中都夹杂着水泥味，是冷冰冰的，毫无生命的。小时，每当看到西南方的天空变得黑青，我就会像迎接仪式一样，搬一条板凳，坐在门前，斜倚木门，等候雨的降临。时常想，究竟是哪一滴雨最先到达地面，最先拥入大地的怀抱。当第一滴雨落下，整个世界都安静了，远方的归巢的鸟无声地飞翔着，大概它们也十分着急回家吧。

雨声分好几种，打到树叶上的略显沉闷，但后劲很足，听到时就会想到雨滴从树叶上滑下，划出曼妙的曲线。打在水塘里的十分清脆，音色就像激起的泡泡。落在瓦上的则是短促而生硬。雨，是有生命的；雨声，是有灵气的；雨天，是安静的。听雨时，感受到的是灵魂的宁静，仿佛听到故乡的呼吸，感觉自己的生命和故乡紧紧联系在一起。像在森林中迷失的孩童，拥入母亲怀抱的惬意坦然。老子说，大音希声。故乡的雨声，就是如此，一切的爱抚，一切的眷恋，一切的深情，都在沙沙的雨声里。

沙沙的雨声，是故乡最好的回忆，也是心中最美好的事物。

我是幸运的，我还有故乡可以追忆，还有故乡的雨可以回味。在我彷徨无助时，我能栖居其中。后来的孩子，几乎没有故乡的概念，望见的都是水泥，水泥，还有呆板的喷泉。心中不禁涌上悲悯，无家的人啊。

猛然想起鲍勃·迪·伦的《答案在风中飘荡》，一个人要走过多少路，才能成为真正的人。要走过多少路，才能找到家，成为有家的人。

钱选将家乡的美好回忆幻化为天国的俯瞰，成就了剔透玲珑的浮玉山，钱选本人也于其中陶冶性情，坐绝乾坤气独清。他就像浮玉山上的明玉，永远依偎在故乡旁。我愿化成雨，故乡的雨，陪伴故乡，陪伴故去时空的自己。乡愁的颜色，大约是雨的颜色。乡愁的声音，是连绵的雨声，静静堕人泪。

我心中，有一段乡愁。